D1993481

# erotissimo

*Verführerische Rezepte aus dem Garten der Aphrodite*

Karin Schramm

# erotissimo

## *Verführerische Rezepte aus dem Garten der Aphrodite*

vgs

Die Deutsche Bibliothek – CIP-Einheitsaufnahme

**Schramm, Karin:**
Erotissimo: verführerische Rezepte aus dem Garten der
Aphrodite / Karin Schramm. – Köln: vgs, 1998
ISBN 3-8025-2533-7

© des ProSieben-Titel-Logos mit freundlicher Genehmigung
der ProSieben Media AG
© des liebe sünde-Titel-Logos mit freundlicher Genehmigung
der mea culpa media verwertungs GmbH

© vgs verlagsgesellschaft, Köln 1998
Alle Rechte vorbehalten

Umschlaggestaltung und Layout: Heike Unger
Fotografie: Misha Vetter
Bildideen: Heike Unger und Hagen Rehborn
Lithografie: Reprowerkstatt Wargalla
Produktion: Wolfgang Arntz
Druck: J. P. Himmer, Augsburg

Printed in Germany
ISBN: 3-8025-2533-7

Besuchen Sie unsere Homepages im WWW:
http: //www.vgs.de
http: //www.liebe-suende.de

# inhalt

# leidenschaft *geht durch den Magen*

Sinnlichkeit – ein schwerblütiges Wort für eine der beschwingtesten menschlichen Fähigkeiten. Aber wie so oft in der deutschen Sprache klingt es eher nach Verordnung. Man hört geradezu einen Lehrer des Leistungskurses Sexualität grummeln: „Frings, Sinnlichkeit: Fünf. Setzen!“

Und in der Tat fürchten manche, daß bei uns Liebe, Lust und Leidenschaft immer mehr nach Lehrplan abgehandelt werden: Heute üben wir „entfesselte Leidenschaften“, inklusive Beißen, Kratzen, Fesseln, morgen sind wir gaaaanz sensitiv (Streicheln bis zum Umfallen), und übermorgen handeln wir Aphrodisiaka ab, Sellerie en masse – und nun bitte einen Knaller-Orgasmus auf Knopfdruck.

Unzählige Male hielten mir Journalisten ihre Mikros ins Gesicht, zogen die Stirn in sorgenvolle Falten und fragten: „Setzt eine Sendung wie *liebe sünde* die Menschen nicht unter Druck, immer absurdere Praktiken zu wagen – hier ein bißchen Gruppensex, dort die Nummer mit den Handschellen? Man traut sich ja kaum noch, ganz normalen Sex zu haben?!?“

Mal abgesehen davon, daß ich noch nie verstanden habe, was denn „normaler Sex“ sein soll – schließlich benehmen wir uns in Liebesdingen oft wie im Tollhaus –, habe ich diese Frage mit gutem Gewissen verneinen können. Dahinter steckt nämlich ein ganz merkwürdiges Menschenbild. Als seien die Zuschauer so beschränkt, nach einer Stunde TV-Sexualität alles nachahmen zu müssen, was sie an sexuellen Möglichkeiten gesehen haben! Wer sich im Fernsehen ein Tanzturnier anschaut, wird auch nicht unter Druck gesetzt, nun zwanghaft alle Varianten des Wiegeschritts zu praktizieren.

Die Macher von *liebe sünde* beschreiben die unendlich schillernden Facetten des Sexuellen, aber nur als Angebot, nie als Gebrauchsanleitung. Sinnliche Genüsse folgen keinem Konstruktionsplan, unsere Körper sind keine Transistorradios!

# sinnlichkeit

Sinnlichkeit muß man lernen und zulassen, aber bitte nicht nach Schema F. Am schönsten sind die Stunden gemeinsamen Lernens mit einem Partner, dem man hoffnungslos verfallen ist. Dann braucht man nur noch die Bereitschaft, sich hinzugeben – und schon kann es losgehen.

Meine ganz private Lektion in Sachen Sinnlichkeit erhielt ich von einem ebenso gutgelaunten wie gutgewachsenen jungen Herrn. Er hatte die Augen eines Raubtiers und Lippen so weich wie Omas Paradekissen. Aber es waren weder seine Persönlichkeit noch sein Körper, die ihn zu einem sinnlichen Gesamtkunstwerk machten, sondern seine Kochkünste. Im Ernst! Ausgebildet in der Hotellerie, konnte er buchstäblich aus einem leeren Kühlschrank ein Drei-Gänge-Menü zaubern, das er – natürlich! – im Bett servierte. Seine Art des phantasievollen Kochens und Anrichtens war die schönste Sexualpraktik, die ich je kennengelernt habe.

Er kochte mit Blüten und geheimnisvollen Gewürzen, und selbst ein Sauerkraut wurde bei ihm zum Geschmackserlebnis. Nachtisch allerdings gab es nie, dafür mußten wir gemeinsam sorgen. Eine exquisite Erkenntnis: Kochen und Essen und Trinken können eine solche Erotik entfalten, daß man darüber den üblichen Fast-food-Sex völlig vergißt.

Sollten Sie sich verführen lassen, mit Früchten, Kräutern und Gemüsen zu experimentieren, Geschmackssensationen zu komponieren und das Ganze in einer Atmosphäre erotischer Bereitschaft zu servieren, werden Sie ein wichtiges Sexualorgan ganz neu entdecken: die Zunge!

**Matthias Frings**

*Freu dich und trink mit mir!*

*Liebe mit mir!*

*Kränze mit mir das Haupt!*

*Bin ich zärtlich gestimmt, sei es auch!*

*Schwärm ich, so schwärme mit.*

(*Freu dich und trink mit mir*, Praxilla von Sikyon)

# aphrodisiaka

*Als nun das Mädchen und der Mann,*
*Isolde und Tristan,*
*beide den Trank zu sich genommen hatten, da*
*kam auch die Macht, die der Welt alle Ruhe raubt,*
*die Liebe, Nachstellerin aller Herzen,*
*und schlich sich in ihre Herzen.*
*Ehe sie es merkten,*
*pflanzte sie ihre Siegesfahne dort auf*
*und unterwarf sie beide ihrer Macht.*
*Sie wurden eins und vereint,*
*die zuvor zwei und zweierlei gewesen waren!*

(*Tristan und Isolde*, Gottfried von Straßburg)

Dies ist wohl eines der bekanntesten literarischen Beispiele für die gefangennehmende Macht eines Elixiers, das besinnungslose Hingabe und flammende Sinneslust weckte – für die beiden in der Liebe Gefangenen jedoch mit tragischen Konsequenzen. Doch keine Angst, dies ist keine notwendige Folge.

Nach Einnahme eines Liebestrankes untrennbar mit der verehrten Person verbunden zu sein, mit Hilfe geheimnisvoller Mittelchen die Begierde in einem sich hartnäckig gegen den Pfeil der Leidenschaft wehrenden Herzen entfachen zu können, einen Menschen in willenlosem Verlangen entbrannt zu sehen – dies ist ein alter Menschheitstraum, vergleichbar dem nach ewiger Jugend – und ähnlich aussichtslos.

Aber es gibt sie trotzdem, die Aphrodisiaka, und ihre Anwendung hat bereits eine sehr lange Tradition.

Doch nicht wenige der Liebeshungrigen, die im Laufe der Jahrhunderte nach dem unfehlbaren Aphrodisiakum suchten, mußten dafür mit ihrem Leben bezahlen. Sie hatten in ihrem besinnungslosen Eifer Zutaten zusammengemixt, die so ziemlich genau das Gegenteil von dem bewirkten, was ursprünglich beabsichtigt worden war. Diese Menschen starben qualvoll und jämmerlich an zweifelhaften Zaubersäften oder ominösen Giftbrühen.

Die Spanische Fliege beispielsweise, vielleicht das bekannteste Aphrodisiakum überhaupt, ist eines dieser extrem gefährlichen

Mittelchen. Es handelt sich dabei um die getrockneten und zerstoßenen Überreste eines kleinen, unscheinbaren Käfers, der im Süden Europas heimisch ist. Doch von dem Gebrauch dieses Liebesmittels ist dringend abzuraten. Seine Anwendung ist in Deutschland bereits seit einigen Jahrzehnten verboten, denn der Käfer enthält den Giftstoff Cantharidin. Wirksame und todbringende Dosis liegen so dicht beieinander, daß man sich leicht verschätzen kann.

Besonders großer Beliebtheit erfreuten sich Aphrodisiaka von jeher in den fernöstlichen Kulturen, da Sexualität dort als ein natürlicher Ausdruck von Lebensfreude angesehen wurde, während sich in der von der christlichen Moral geprägten westlichen Welt der Umgang damit weit weniger unbefangen gestaltete.

Rückblickend läßt sich nicht mehr genau rekonstruieren, wann die Menschen begannen, mit den Mitteln zur Steigerung der Liebe und der Leidenschaft zu experimentieren. Doch bereits von den Neandertalern weiß man, daß sie eine Vielzahl der Pflanzen nicht nur schätzten, sondern auch benutzten, die wir heute als Aphrodisiaka bezeichnen.

Daß das Wissen um die glücksbringende Wirkung der anregenden Wundermittel schon sehr früh bekannt war und sich deren Anwendung großer Beliebtheit erfreute, geht außerdem aus sumerischen Keilschrifttafeln, altägyptischen Papyrusrollen und altchinesischen Orakelknocheninschriften hervor.

Bei den Naturforschern und Ärzten der Antike und des Mittelalters kann man in zahlreichen Rezepten dieser Zeit nachlesen, daß auch sie die lustbringenden Ingredienzen alles andere als verschmähten.

Ihren Namen erhielten die Zutaten zur Steigerung von körperlichem Verlangen und sinnlicher Begierde von Aphrodite, der Schaumgeborenen, die der Erzählung nach vor der Küste Zyperns aus den Fluten stieg, nackt und verführerisch, eine fleischgewordene Versuchung. Sie wurde verehrt als die Göttin der Liebe und der Triebe. Ihr Name stand nicht für eine schöngeistige Verbundenheit und Seelenverwandtschaft, sondern symbolisierte pure handfeste Körperlichkeit.

Wen wundert es da, daß die Menschen ihr die Mittel weihten, von denen sie sich entfachte Leidenschaft und orgiastische Hingabe erhofften.

Doch die Aphrodisiaka sollten nicht nur Männern zu neuer Lendenkraft verhelfen und erneute Freuden ermöglichen. Auch Frauen versprachen sich von ihnen Hilfe bei ihren Nöten. Sie wendeten sie an, um Unfruchtbarkeit zu besiegen. Weit verbreitet war außerdem die Vorstellung, daß sich der weibliche Körper mit Hilfe von Aphrodisiaka für eine Niederkunft vorbereiten und stärken lasse.

Die Erwartungen waren hoch, die überlieferten Schilderungen des zu erlebenden Liebesrausches euphorisch, farbig und überwältigend.

Doch Vorsicht: Auch Aphrodisiaka können keine Wunder vollbringen. Äußere Faktoren, wie die persönliche Tagesform, seelische Ausgeglichenheit und natürlich die Wahl des richtigen Partners, spielen eine ganz entscheidende Rolle, die auch durch den Gebrauch von bewährten „Appetitanregern" nicht zu eleminieren ist.

Und ein bißchen Mühe sollten Sie sich selbstverständlich auch noch geben. Ein Liebesmahl muß zelebriert werden: ein paar Kerzen, etwas romantische Musik – und auch das Auge ißt mit ...

Lassen Sie sich doch ein paar Anregungen liefern, lassen sich neugierig machen darauf, was alles möglich ist mit diesen wunderbaren, die Sinneslust weckenden Zutaten.

Probieren Sie sie ruhig am eigenen Leib aus, experimentieren Sie ein wenig. Es müssen schließlich nicht immer Blumen sein, mit denen man seiner Zuneigung Ausdruck verleiht.

Legen Sie einfach Ihre Hemmungen ab und verlieren ein wenig die Besinnung.

**Karin Schramm**

# *warming up*

*Ich reichte dir*

*die Beeren,*

*und du reichtest mir*

*deinen Mund.*

(*Im Garten*, Theodor Fontane)

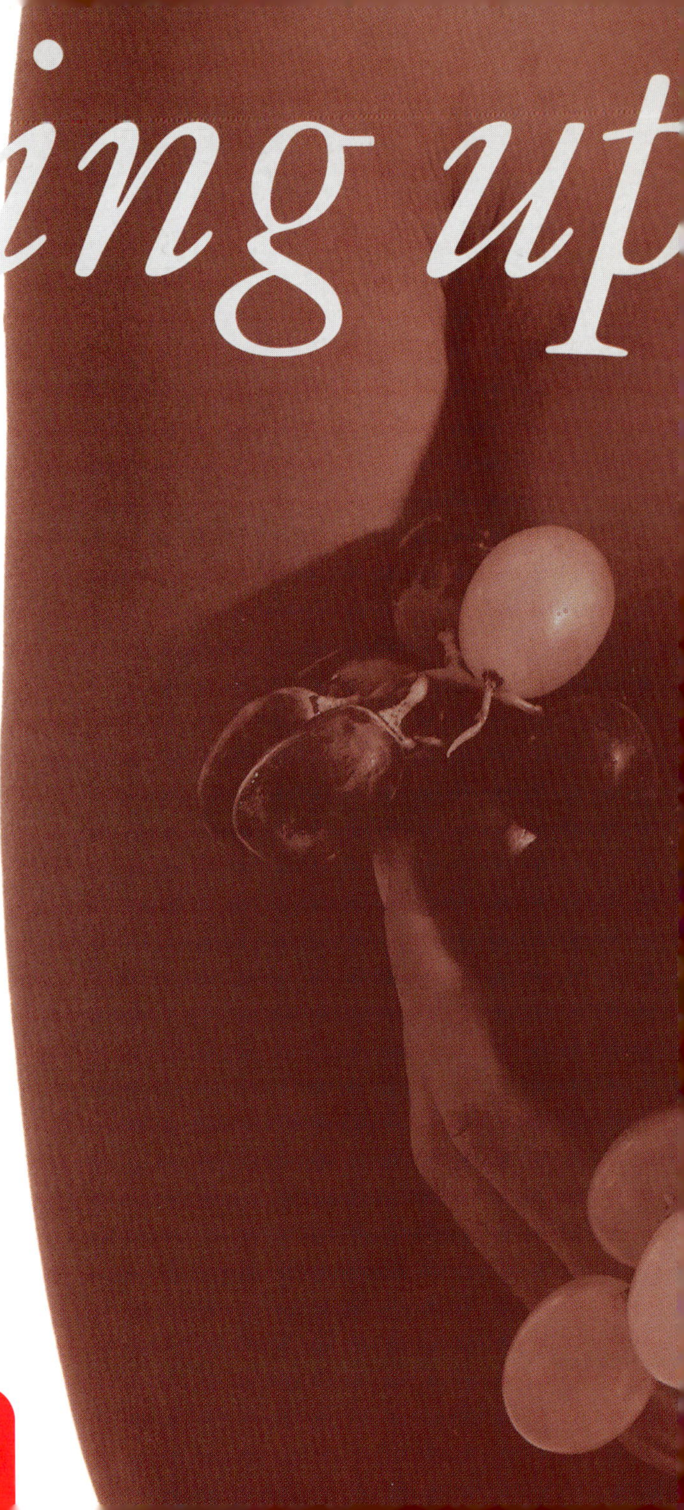

warming up

# *warming up*

## initiierende Drinks

# ananas

**Süß und saftig** rinnt einem ihr im Überfluß vorhandener Saft die Finger hinunter, will man genußvoll in ein Scheibe ihres äußerst vitaminhaltigen Fruchtfleischs beißen.

Ihre tropfendes Inneres ist umgeben von einem braun-grünen Panzer, bestehend aus vielen kleinen, knorpeligen Einheiten, jede mit einem spitzen, nach oben weisenden Blättchen versehen. Er erinnert ein wenig an das Schutzschild einer Schildkröte, ist allerdings weder so glatt noch so hart wie dieser.

Mit dem prachtvollen, stacheligen Strauß auf ihrem Kopf, der ähnlich einer üppigen, Fruchtbarkeit symbolisierenden Krone auf ihr thront, wirkt die Ananas stolz und beeindruckend.

Ihre ursprüngliche Heimat liegt in Südamerika. Portugiesen brachten die Pflanze 1502 nach Sankt Helena. 1514 tauchte sie in Spanien, 1550 in Indien auf. Ende des 16. Jahrhunderts war sie schließlich in den meisten tropischen Gebieten der Welt eingeführt.

Vielerorts werden die Blattfasern, Ananashanf genannt, noch heute für die Herstellung von Seilen, Netzen und Hängematten genutzt.

Darüber hinaus eilt der Ananas seit Jahrhunderten der Ruf eines vorzüglichen Heilmittels voraus, findet sie Anwendung in der Medizin der Indianer. Unzweifelhaft ist auch die hervorragende Qualifikation dieser Frucht als Energielieferant, denn sie ist reich an Fruchtzucker, Mineralstoffen und Vitaminen.

Doch die Ananas steht außerdem noch in einem ganz anderen Ruf: Sie gilt als ein ausgesprochen wirkungsvolles Aphrodisiakum.

Allerdings: Unreife Früchte können bei schwangeren Frauen zum Abort führen.

Wenn Sie dies beachten, gibt es keinen Grund zu zögern: Gönnen Sie sich so oft wie nur möglich ein Häppchen dieser Köstlichkeit, beißen Sie in eine verheißungsvoll tropfende Ananasschnitte und saugen den Saft aus ihr heraus ...

Sie werden dann schon selbst feststellen, inwiefern dies Ihrer Liebeskraft zuträglich ist.

# ANANAS KEFIR

Wenn Sie topfit sein wollen: 200 g Fruchtfleisch einer frischen Ananas pürieren (in Notfällen können Sie auch Ananas aus der Dose nehmen) und die so entstandene Masse mit 4 cl Sanddornsirup (Sie können auch Ahornsirup verwenden), 1 Päckchen Vanillezucker und 1/8 l Kefir verquirlen.
Ganz wichtig: Der Kefir muß gut gekühlt sein, und der Drink sollte sofort serviert werden.

## Zutaten pro Drink:

200 g Ananas (frisch oder aus der Dose)
4 cl Sanddornsirup (oder Ahornsirup)
1 Päckchen Vanillezucker
1/8 l gut gekühlter Kefir

# KOKOSNUSS ANANAS-MIX

Ganz exotisch und ein echter Energiespender: 1/4 l Ananassaft (möglichst ungesüßt) mit 2 EL Kokosnußsirup und einem Spritzer Zitronensaft (kann auch etwas mehr sein, wenn Sie es besonders erfrischend mögen) verquirlen.
Zerstoßenes Eis (einige Eiswürfel in ein Küchentuch legen und mit einem harten Gegenstand zerkleinern) in ein möglichst großes, bauchiges Glas füllen, das Sie bereits im Tiefkühlfach vorgekühlt haben.
Den Saftmix darübergießen.
Eiskalt genießen!

## Zutaten pro Drink:

1/4 l Ananassaft (möglichst ungesüßt)
2 EL Kokosnußsirup
1 Spritzer Zitronensaft
zerstoßenes Eis

# ANANAS PFIRSICH

Nichts ist prickelnder: In ein möglichst schmales und langes Sektglas 6 EL Pfirsichlikör, 8 EL Ananassaft (am besten ungesüßt) gießen und 1 Spritzer Zitronensaft hinzugeben.
Mit eiskaltem (trockenem) Sekt auffüllen.
Noch reizvoller wirkt dieser Drink, wenn Sie das Glas im Tiefkühlfach vorkühlen.

## Zutaten pro Drink:

6 EL Pfirsichlikör
8 EL Ananassaft (möglichst ungesüßt)
1 Spritzer Zitronensaft
ein ordentlicher Schuß Ihres Lieblingssekts (trocken)

# ANANAS mit.. EIERLIKÖR

Ein cooler Drink, bei dem es Ihnen ganz schön heiß werden kann: 2 cl Ananassaft, 4 cl Eierlikör, 2 cl Batida de Coco sowie 2 cl Curaçao Blue in einen Shaker geben und mit möglichst vielen Eiswürfeln gut durchschütteln.
Dann ohne das Eis in ein bauchiges, nicht zu kleines Glas füllen.
Mit einem Stück Ananas am Glasrand sofort servieren.

## Zutaten pro Drink:

2 cl Ananassaft
4 cl Eierlikör
2 cl Batida de Coco
2 cl Curaçao Blue
Eiswürfel

# ANANAS EISTEE

Heiß und kalt: Fruchtfleisch von 1/4 Ananas kleinschneiden und pürieren.
Mit 2 EL weißem Rum, 2 EL Zuckersirup und 1 EL Zitronensaft verrühren.
Einige Eiswürfel in ein großes Glas geben. Heißen schwarzen Tee daraufgießen, bis das Glas zu zwei Dritteln gefüllt ist. Dann die Ananas-Mischung darunterrühren und sofort servieren.

## Zutaten pro Drink:

1/4 Ananas
2 EL weißer Rum
2 EL Zuckersirup
1 EL Zitronensaft
schwarzer Tee
Eiswürfel

# ANANAS ZITRONE

Ein spritziger Drink, der ungeahnte Energien freisetzt: 4 cl Chartreuse gelb, 3 cl trockenen weißen Wermut, 4 cl Zitronensaft und 6 cl ungesüßten Ananassaft in ein Rührglas geben und kalt rühren.
Die Mischung durch ein Sieb in ein mit einigen Eiswürfeln gefülltes Glas gießen und sofort genießen.

## Zutaten pro Drink:

4 cl Chartreuse gelb (Kräuterlikör)
3 cl trockenen weißen Wermut
4 cl Zitronensaft
6 cl ungesüßten Ananassaft
Eiswürfel

# SCOTCH ANANAS

Dieser Drink hat es in sich: 4 cl Scotch Whisky, 2 cl Ananassirup, 2 cl Ananassaft, 2 cl Zitronensaft und 2 cl flüssige Schlagsahne in einen Shaker füllen.
Ein paar Eiswürfel hinzufügen (entsprechend Ihres persönlichen Geschmacks oder des Grads Ihrer Erhitzung) und kräftig schütteln.
Sehr reizvoll: Mit einem Stück möglichst saftiger, tropfender Ananas servieren.

## Zutaten pro Drink:

4 cl Scotch Whisky
2 cl Ananassirup
2 cl Ananassaft
2 cl Zitronensaft
2 cl flüssige Schlagsahne
Eiswürfel

# ANANAS FIZZ

Fruchtig und immens gehaltvoll: 6 EL gesüßten Ananassaft, 2 EL Curaçao Blue, 2 EL weißen Rum sowie 2 EL Zitronensaft in einen Shaker füllen. Eiswürfel hinzufügen und gut durchschütteln, bis alle Zutaten eiskalt sind.
Dann ohne Eis in ein Glas gießen, das Sie im Tiefkühlfach vorgekühlt haben.
Mit eiskaltem Soda auffüllen.

## Zutaten pro Drink:

6 EL gesüßter Ananassaft
2 EL Curaçao Blue
2 EL weißer Rum
2 EL Zitronensaft
Soda
Eiswürfel

# traube

**Dunkelviolett** oder hellgrün, verbergen sie einen saftigen, fleischigen Kern, umhüllt von einem knackigen Mantel, der, einmal gesprengt, einen Schuß anregendster Flüssigkeit in den Mund des Eindringlings spritzt.

Die Weinrebe ist eine der ältesten Kulturpflanzen überhaupt. Ihre Früchte, die Weintrauben, wurden schon seit Urzeiten sehr vielfältig genossen: entweder köstlich frisch, getrocknet als Rosine, oder – als ein wunderbares Getränk – zu Saft gepreßt.

Lassen Sie sich diese kostbare Flüssigkeit ohne Bedenken schmecken, denn sie ist reich an Vitaminen und Mineralstoffen. Wann immer Sie rasch einer Portion Extra-Energie bedürfen, sind Weintrauben die optimale Lösung. Dank ihres hohen Gehalts an Traubenzucker gelten sie als ideale Muntermacher.

Und auch die etwas promillehaltigere Variante des Traubensafts, der Wein in seinen verschiedenen Varianten, gilt – bei richtiger Dosierung – als ein wunderbares Aphrodisiakum. Wann und wie es geschah, daß der verführerische Saft erstmals gekeltert wurde, läßt sich bis heute nicht mit Sicherheit sagen. Bekannt ist jedoch, daß der Wein in fast allen Ländern des Orients als heilig verehrt und als ein „Getränk der Götter" gepriesen wurde.

Schon im alten Babylon war es üblich, daß bei öffentlichen Tempelfesten ein weinhaltiger Trank genossen wurde. Das Fest der Ischtar, Göttin der Liebe und des Geschlechtslebens, endete meist damit, daß sich die Berauschten in einer Massenorgie besinnungslos übereinanderstürzten.

Auch bei den Ägyptern fand das „sündige Getränk" eine ähnliche Anwendung. Den Göttern wurde Wein als Opfer dargebracht. Doch auch dessen aphrodisierende Wirkung war bereits bekannt.

Die bis heute nachhaltigste Bedeutung erhielt der Wein jedoch erst durch den griechischen Gott des Weines und der Fruchtbarkeit, Sohn des Zeus und der Semele, dessen Attribut der mit Efeu und Reben umkränzte Thyrosstab war. Ihm zu Ehren wurden ekstatische Feste veranstaltet, die entfesselten Orgien glichen – die Dionysien.

Ganz so wild müssen Sie es ja nicht direkt treiben. Aber jeder, der schon einmal seinen Liebhaber oder seine Geliebte mit Trauben gefüttert hat, weiß, wie wirkungsvoll das ist.

# SEKT MIT TRAUBENSAFT

Frisch und ungemein belebend: Eine Sektflöte bis knapp zur Hälfte mit rotem Traubensaft füllen und eiskalten Sekt dazugießen.

## Zutaten pro Drink:

roter Traubensaft
eiskalter Sekt

# TRAUBE ANANAS

Direkt zwei Energielieferanten erster Güte: Ein im Tiefkühlfach vorgekühltes Glas Ihrer Wahl (je größer desto besser) mit einigen Eiswürfeln (oder mit etwas zerstoßenem Eis) füllen und 4 cl Gin, 110 ml roten Traubensaft, 90 ml Ananassaft und 2 EL Zitronensaft dazugeben.

## Zutaten pro Drink:

4 cl Gin
110 ml roter Traubensaft
90 ml Ananassaft
2 EL Zitronensaft
Eiswürfel oder zerstoßenes Eis

# TRAUBENDRINK mit GRAPEFRUIT

Fruchtig grün wie das blühende Leben: Wählen Sie ein großes Glas. Ein paar Eiswürfel sowie 2 EL Blue Curaçao hineingeben.

Dann das Glas bis etwa zur Hälfte mit weißem Traubensaft auffüllen und so viel Grapefruitsaft hinzugeben, wie Ihre persönlichen Geschmacksknospen vertragen.

## Zutaten pro Drink:

2 EL Blue Curaçao

weißer Traubensaft

Grapefruitsaft

Eiswürfel

# COGNAC TRAUBE

Raffiniert und wirkungsvoll:

2 cl Bénédictine, 2 cl Cognac, 2 cl Zitronensaft, 6 cl roten Traubensaft sowie einige Eiswürfel in einen Shaker geben. Gut schütteln und dann – ohne das Eis – ins Glas gießen. Dazu frische blaue Trauben reichen!

## Zutaten pro Drink:

2 cl Bénédictine (ein französischer Kräuterlikör)

2 cl Cognac

2 cl Zitronensaft

6 cl roter Traubensaft

Eiswürfel

# Süße Ruh

*Süße Ruh, süßer*

*Taumel im Gras,*

*Von des Krautes*

*Arome umhaucht,*

*...*

(*Im Grase*, Annette von Droste-Hülshoff)

geheimnisvoll betörend:
Kräuter

# kräuter

**Sie verbreiten** einen betörenden Wohlgeruch, setzen einen aromatischen und optischen Akzent, machen jede Speise zu einem raffinierten Festmahl. Und bereits von alters her ist bekannt, daß sie außerdem über einige ganz besondere Kräfte verfügen.

Genau das war es jedoch, was sie verdächtig machte. Schon früh brachte der Volksglaube die duftenden Kräuter mit Hexenzauber und Teufelstreiben in Verbindung.

Die Menschen glaubten fest an die Existenz von Dämonen, sahen die Welt bevölkert von magischen Gestalten, Hexen und Teufeln. Diese geheimnisvollen Kreaturen beherrschten das Denken der Menschen, ließen sie mit angstvoller und gleichzeitig faszinierter Aufmerksamkeit sogar auf kleinste Anzeichen achten, in der Hoffnung, Aufschluß zu finden darüber, welches Schicksal ihnen bevorstehe.

Offenbar war man bereit, den magischen Zauberwesen kleine Schwächen einzuräumen, die an sich sehr menschlich und aus eigener Erfahrung wohlbekannt waren – Grund zur Hoffnung, die Geister waren bestechlich.

Um sie gnädig zu stimmen, bediente man sich allzugern auch der Kräuter, waren diese doch schon früh in der Heilkunst durch ihre besonderen Gaben aufgefallen. Sie konnten Schmerzen lindern und Geschwächten zu neuer Kraft verhelfen. So erschienen sie wie geschaffen dafür, die Geister ein wenig zu beeinflussen und ihr Wohlwollen zu erregen.

Und außerdem verfügten die Kräuter ja auch noch über dieses besondere Merkmal, jenen narkotischen, gefangennehmenden Duft, der sich so ausnehmend erfreulich auf das körperliche Wohlbefinden auswirkt ...

Man glaubte, daß es möglich sei, mit Hilfe der Zauberpflanzen Liebe oder Haß zu erzeugen, Glück oder Verderben über einen anderen Menschen zu bringen. Und das Wissen darüber, wie man welche Wirkung erziele, sprach man den Hexen zu.

Tatsächlich sind noch heute einige von den Kräuterweibern entwickelte Rezepte in Gebrauch – doch man hat es den weisen Frauen nicht gedankt. Zwar können wir dies heute nicht mehr rückgängig machen, aber wir können uns ihrer erinnern, können ihnen unsere Anerkennung zeigen, indem wir ihre Zaubermittel, die Kräuter, ehren und sie sehen als das, was sie sind: ein Geschenk des Himmels.

# basilikum

**Sie trägt** ihre grünen, weichen Blätter stolz auf kräftigen Stielen. Majestätisch strecken sie sich der Sonne entgegen – als wollten sie von dort die Kraft empfangen, um auch weiterhin diesen starken, würzigen Wohlgeruch ausströmen zu können.

Folgt man einer haitianischen Überlieferung, so ist das Basilikum der Liebesgöttin des Voodoo-Kultes, Erzulie, geweiht.

So verwundert es nicht, daß seit Jahrhunderten den Blättern dieser Pflanze die Fähigkeit zugesprochen wird, eine begehrte Person in willenlose Leidenschaft entbrennen zu lassen.

Schon in den heiligen Kräutergärten der Inder konnte man diese Pflanze finden, und auch bei den alten Griechen war sie hochgeschätzt, hatte man ihre verführerische Kraft, die in jedem einzelnen Blatt verborgen liegt, doch bereits entdeckt.

Der Schlüssel zu dem Geheimnis des Basilikums liegt in seinen ätherischen Ölen, außerdem enthält es Gerbstoffe und Vitamine. Als wohlschmeckendes Kraut in oder auf eine Speise gestreut, entfacht dieses Gewächs einen verlockenden Zauber.

Noch heute wird eine Basilikumart, die Tulasi-Pflanze, von den Hindus als heilig verehrt. Sie ist Lakshmi, der indischen Göttin des Wohlergehens und der Schönheit, sowie deren Mann Vishnu geweiht. Von den Gläubigen, die der Göttin angemessen huldigen wollen, wird verlangt, täglich in ehrfürchtigem Gedenken Lakshmis ein Tulasi-Blatt zu verspeisen. Als Dank dafür darf nicht nur auf das Wohlwollen der Göttin gehofft werden, sondern auch auf Gesundheit, Fruchtbarkeit und Schutz vor bösen Geistern – was nicht selten ein und dasselbe ist.

Man weiß aber auch, und für manchen, der sein Haupt vor dem machtvollen Basilikum beugt, wird dies ein nicht unbeträchtlicher Anreiz für seine Bemühungen sein: Diese Pflanze schenkt nämlich nicht nur eine strotzende Gesundheit, sondern beschert dem Gläubigen auch ein niemals langweilig werdendes, erfülltes Sexualleben.

Also: Werden auch Sie selbst einer von den Menschen, die diese Pflanze achten, zelebrieren und sich ihr, zumindest gelegentlich, auf dem Altar der Begierden zum Opfer darbringen.

Was könnte Sie davon abhalten, sich der Faszination dieses Krautes voll und ganz hinzugeben?

# petersilie

„Petersilie hilft den Männern aufs Pferd, den Frauen unter die Erd." – Mit diesen lakonischen Worten sind die beiden charakteristischen Eigenschaften beschrieben, die man seit jeher der Petersilie nachsagt.

Für beide Geschlechter war diese Pflanze von ausgesprochen großer Bedeutung, jedoch in völlig unterschiedlicher Hinsicht. Hoffte „Mann" nach dem Genuß dieses Krautes auf gestählte Lendenkraft, versprachen sich die Frauen von der Petersilie nicht selten trügerische, wenn nicht gar lebensbedrohliche Hilfe, trugen sie eine ungewollte Frucht im Leibe.

Ihre Hoffnung war nicht ganz unbegründet, denn die Pflanze verfügt über einen Inhaltsstoff, das Apiol, ein Hauptbestandteil des in der Petersilie enthaltenen ätherischen Öles, der in großen Mengen zugeführt, so stark uterusirritierend wirkt, daß dadurch ein Abort ausgelöst werden kann. In diesem Zusammenhang mag es ein wenig eigenartig anmuten, daß gerade dieses Kraut für die Menschen in der Antike als ein Symbol für Wiedergeburt sehr geschätzt war.

Im Mittelalter dann fanden die Stengel noch eine weitere Verwendung, die in direktem Zusammenhang mit Liebeslust und Sinnesfreuden stand: Die Wurzel der Petersilie wurde zu einem häufig verwendeten Bestandteil der Hexen- und Flugsalben. Auch dabei vertraute man auf den Einfluß des Apiols, denn die Reizung des Uterus kann nicht nur – wie schon erwähnt – abtreibend wirken, sie kann auch sexuell anregen.

Offenbar war die Petersilie von jeher ein Gewächs der Extreme: zwischen Himmel und Hölle, Leben und Tod. So besaß sie, glaubt man dem Ritter von Perger, noch eine weitere, höchst beunruhigende Eigenschaft: „Wenn man eine aus der Erde gezogene Petersilienwurzel noch einmal, und zwar im Namen einer gewissen Person einsetzt, so wird diese krank und stirbt. Auf diese Weise hat schon mancher Mann seine Frau und manche Frau ihren Mann heimlich unter die Erde gebracht."

Nun ja, hoffen wir, daß dies nicht Ihre Motivation ist. Immerhin ist die Petersilie zu alledem auch eine begehrte Gewürzpflanze.

Deshalb: Pflücken Sie ein Sträußchen von diesem magischen Kraut, hacken es klein, streuen es über die Speise, um diese noch appetitlicher zu machen. Oder genießen Sie sie einfach direkt pur und kommen dabei auf den Geschmack für etwas ganz anderes ...

*Du, sende mir nicht länger den Duft,*
*den brennenden Balsam*
*deiner süßen Gärten zur Nacht.*

(*Meine Schamröte*, Else Lasker-Schüler)

# rosmarin

**Rosmarin –** dieses wohlklingende Wort hat eine ebenso lyrische Übersetzung: Meerestau. Schon der Name der hocharomatischen Kräuterpflanze ist mit Aphrodite, der aus dem Meeresschaum geborenen Göttin der Liebe, verbunden, der laut Homer „duftende Kräuter unter den flüchtigen Füßen entsprossen“. Kein Wunder, daß man schon früh die aphrodisierende Wirkung dieses Krautes erkannt und sie vor allem mit stimulierenden Bädern in Verbindung gebracht hat. Leicht entzünden sich durch tiefes Einatmen des Geruchs Phantasien einer lustvollen Versuchung, die den im warmen Wasser Badenden in ihren Bann ziehen ...

Heute wissen wir, welche geheime Ingredienz die Liebesgöttin dem Rosmarin beigemischt hat, um seine Kraft zu entfalten: ein nervenstärkendes, belebendes ätherisches Öl, das die Hautdurchblutung anregt und so die gesamte Sensibilität des Körpers steigert. Daher hat der altbekannte Pfarrer Kneipp (1821–1897), nicht nur katholischer Geistlicher, sondern auch Naturheilkundler, aus diesem Kraut ein Tonikum gegen Erschöpfung und zur Belebung der Sinne hergestellt.

Aber dieser sagenhafte Meerestau wirkt nicht nur äußerlich – ganz im Gegenteil. Als Gewürz in einem Liebesmahl kann er ebenfalls wundersame Kräfte entfalten. Schon die Griechen mischten Rosmarin in ihren Wein, damit sich dessen aphrodisierende Wirkung verstärke. Und als Mittel zur Steigerung der Fruchtbarkeit wurde das „Schoßkraut“ bereits seit dem 17. Jahrhundert zahlreichen Speisen zugesetzt, um ihnen in vielerlei Hinsicht die richtige Würze zu verleihen.

Kein Wunder, daß Rosmarin zum Symbol der Hochzeit und des Ehesegens schlechthin geworden ist. Jahrhundertelang flocht man die Jungfern- und Brautkränze aus seinen Zweigen, und in manchen Gegenden Europas dient die immergrüne Pflanze bis heute als Sinnbild für die Braut.

Lassen Sie sich von diesem alten Wissen anregen, würzen Sie Ihre Speisen nach Herzenslust mit diesem Liebeskraut, genießen Sie – vor oder nach dem Essen – ein Bad mit seinem Duft, und sensibilisieren Sie jede Pore Ihrer Haut für ein Höchstmaß an Empfindsamkeit.

# Scharf und

*ja, komme liebe schwester,*
*liebe braut, in meinen garten.*
*ich habe meine myrrhe samt*
*seinen würzen abgebrochen;*
*ich habe meinen seims samt*
*meinen honig gegessen;*
*ich habe meines weins samt*
*meiner milch getrunken,*
*eßt meine lieben, und trinkt,*
*meine freunde,*
*und werdet trunken.*

(Hohelied Salomos)

feurig:
Gewürze

# gewürze

**Für viele** ungeübte Gaumen waren sie zunächst gewöhnungsbedürftig, anderen erschienen sie gar ungenießbar, und so manchem brach nach dem Genuß dieser fremden Ingredienzen erst einmal der Schweiß aus ...

Mit dem Entstehen immer umfangreicher werdender Handelsverbindungen und einer zunehmend globalen Wirtschaft gelangten bald ganz neue Zutaten und bisher noch völlig unbekannte Gewürze auf den Kontinent. Für die Kaufleute waren sie ein kostbarer Besitz, mit ihnen konnte man gute Geschäfte machen. Doch damit nicht genug: In rasantem Tempo eroberten sie die europäischen Küchen und sind heute von keiner Speisekarte mehr wegzudenken.

Mit den exotischen „Scharfmachern" aus dem Nahen und Fernen Osten drangen – endlich auch zu uns – Rezepte mit unverkennbaren „Nebenwirkungen" vor, die in den Ursprungsländern eine lange Tradition aufwiesen.

Schon zwischen dem 1. und 4. Jh. v. Chr. wurde in Sanskrit eines der berühmtesten Bücher der erotischen Literatur geschrieben, Vatsyayanas *Kama Sutra*. Es enthält – neben einigem anderen – eine Reihe phantasievoller Ratschläge zur Steigerung der sinnlichen Lust. In der orientalischen Liebeslehre des Scheik Nefzaui mit dem Namen *Der duftende Garten* (vermutlich 15. Jh.), werden nicht nur ausführlich verschiedene Stellungen beim Liebesakt geschildert, sondern außerdem Rezepte genannt, deren Hauptbestandteil Gewürze sind.

Sie waren hochgeschätzt als wertvolle Aphrodisiaka, denn man sagte ihnen nach, sie besäßen Hitze, könnten im Körper das Feuer der geschlechtlichen Begierde entfachen.

Dieser Ruf war sogar schon bis hinter europäische Klostermauern vorgedrungen: Die Benediktinerin Hildegard von Bingen, die bereits im 12. Jahrhundert eine Reihe von orientalischen Gewürzen beschrieb, kannte die die Sinneslust erregenden und daher im christlichen Abendland als „schädlich" eingeschätzten Eigenschaften der Gewürze.

Tatsächlich enthalten diese „Geschmacksverstärker" ätherische Öle, die ihnen nicht nur ihren unverkennbaren Geschmack verleihen, sondern auch einen erheblichen Anteil an deren aphrodisierenden Wirkung haben.

Begehen Sie doch ruhig einmal eine kleine Sünde und lassen sich von den exotischen Reizen der Gewürze entführen in ein Märchen aus Tausendundeine Nacht.

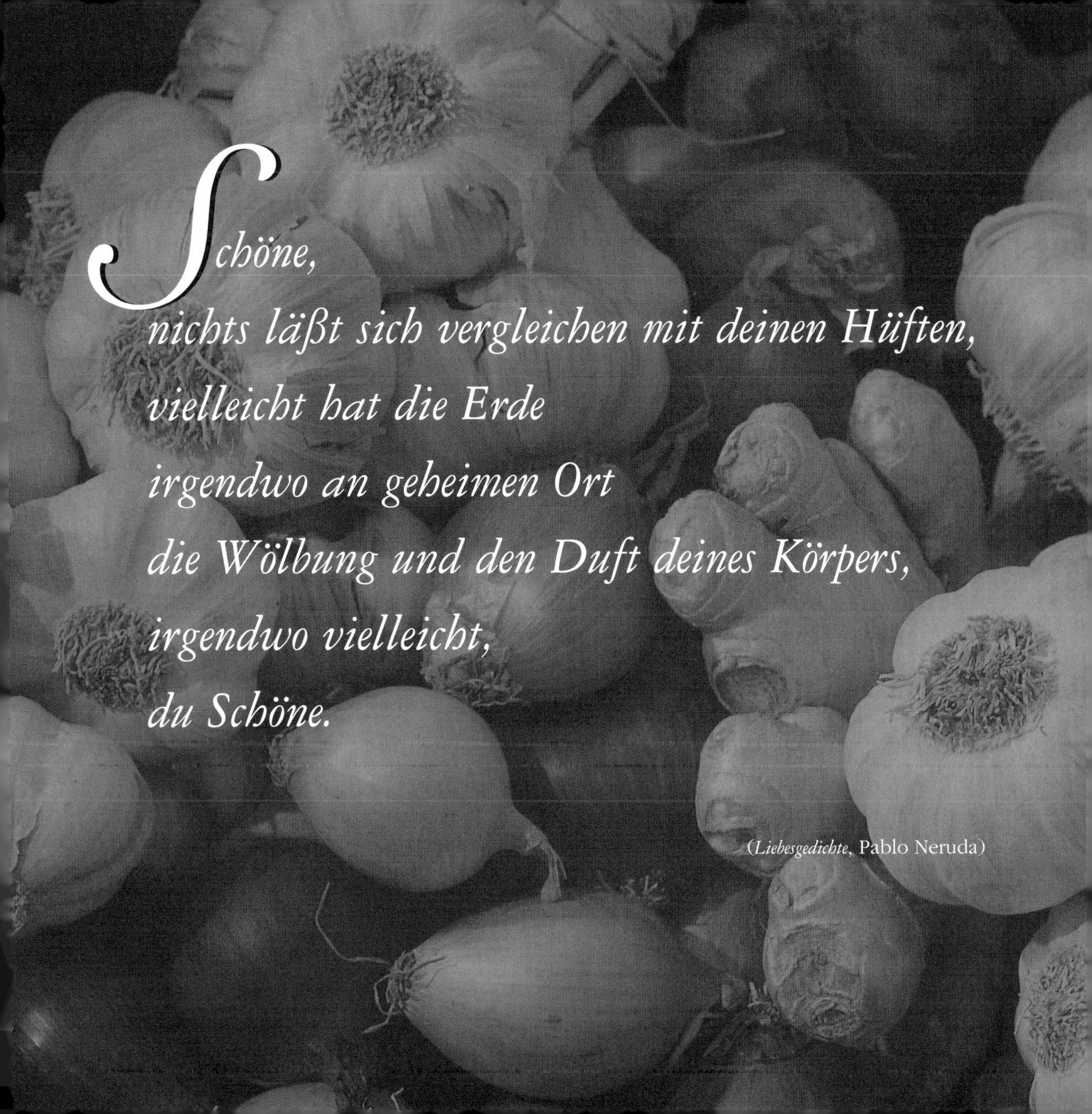

*Schöne,*
*nichts läßt sich vergleichen mit deinen Hüften,*
*vielleicht hat die Erde*
*irgendwo an geheimen Ort*
*die Wölbung und den Duft deines Körpers,*
*irgendwo vielleicht,*
*du Schöne.*

(*Liebesgedichte*, Pablo Neruda)

# ingwer

**Sein Aroma ist** exotisch und wohlschmeckend, seine Wirkung gesundheitsfördernd und – ungeheuer erregend. Der Ingwer verfügt, was seine Bedeutung als Aphrodisiakum anbelangt, über Kräfte von geradezu einzigartiger Macht und Vielfalt.

In der islamischen Medizin wird diese Gewürzpflanze verehrt, kann man doch bereits im Koran nachlesen: „Ingwer ist auch ein Mittel zur Förderung der Verdauung und zur Stärkung der geschlechtlichen Aktivität."

In der ayurwedischen Lehre, der traditionellen indischen Medizin und Lebensphilosophie, heißt es, dieses Gewürz entfache *agni*, also das Feuer, die Hitze im Körper. Damit ist nichts anderes gemeint als: Das Verspeisen von Ingwer regt nicht nur den Kreislauf an, sondern weckt die Liebesglut, schürt körperliches Verlangen.

Und auch in China kannte man die dieser Pflanze innewohnenden Eigenschaften, erfreute sich ihrer als Gewürz, Heil- und Liebesmittel.

Ein aus dem 16. Jahrhundert überliefertes orientalisches Rezept verspricht bei Schwäche der Geschlechtsorgane: „Reibe das Glied mit lauwarmem Wasser, bis sich Blutzufuhr bemerkbar macht. Darauf reibe in Honig eingemachten Ingwer kräftig ein. Deine Frau wird einen solchen Genuß haben, daß sie dich niemals verlassen wird" – große Worte.

Tatsächlich ist der Ingwer mit seinem angenehmen Geruch und seinem markanten Geschmack ohne Zweifel das vielseitigste der Liebesgewürze, da er sowohl für die Zubereitung pikanter als auch süßer Speisen wichtige Ingredienz ist. Man kann ihn frisch und getrocknet genießen. Köstlich und sinnlich ist er auch in kandierter Form. Aber man findet ihn auch in Backwaren, Konfekt, Suppen, Saucen und in zahlreichen Getränken (Likör, Bier, Tee). Was häufig unbekannt ist: Ingwer ist ein wichtiger Bestandteil des Curry.

Lassen Sie sich von dieser raffinierten exotischen Köstlichkeit gefangennehmen.

Was hält Sie davon ab: Probieren Sie es aus und lassen sich von der Hitze dieser himmlischen Gewürzpflanze den Körper erwärmen und die Geschlechtslust in Wallungen bringen. Vielleicht entführt sie Sie ja in eine Welt, in der Sie das Paradies auf Erden erleben können ...

*Wie Du mir nötig bist? Wie Trank und Speise*
*dem Hungernden, dem Frierenden das Kleid,*
*wie Schlaf dem Müden, Glanz der Meeresreise*
*dem Eingeschlossenen, der nach Freiheit schreit.*

*So lieb ich Dich. Wie dieser Erde Gaben*
*Salz, Brot und Wein und Licht und Windeswehen,*
*die, ob wir sie auch bitter nötig haben,*
*sich doch nicht allezeit von selbst verstehen.*

(*Maß der Liebe*, Marie-Luise Kaschnitz)

# knoblauch

**Die einen lieben** und schätzen ihn, die anderen verabscheuen die Knolle mit dem unverwechselbaren Aroma, das sie leider auch dann noch verströmt, wenn man selbst ihren Verzehr eigentlich schon längst vergessen hat.

Am Knoblauch scheiden sich die Geister. Dabei steckt so viel in diesem Liliengewächs: Es ist nicht nur in der Küche vielseitig verwendbar – als Gewürz und Nahrungsmittel –, sondern sollte auch in anderen Räumen Ihrer Behausung ein gerngesehener Gast sein.

Schon seit Jahrhunderten ist der Knoblauch bekannt als höchst wirkungsvolles Aphrodisiakum. Auch im alten Ägypten wußte man dies. Deshalb war es den Priestern dort verboten, sich dieses reichhaltige Gewürz zu Gemüte zu führen (ebenso erging es ihnen mit der Zwiebel), da man befürchtete, die Knolle könne unerwünschte Gelüste wecken. Die Römer weihten den Knoblauch gar der Fruchtbarkeitsgöttin Ceres.

Daß dieses Wundermittel Begehrlichkeit erzeuge, kann man außerdem in vielen alten Kräuterbüchern nachlesen.

Tatsächlich wurde die die sinnliche Begierde weckende Macht dieses Gewürzes so hoch eingeschätzt – oder aber der Einfluß des starken Geruchs, daß man dem Knoblauch gar nachsagte, er heile durch Hexerei verursachte Impotenz. Wen wundert es da, daß es in Deutschland ein weitverbreiteter Brauch war, daß ein Bräutigam am Tage seiner Hochzeit Knoblauch bei sich trug, weil man glaubte, so sei es möglich, die neidischen Hexen davon abzuhalten, ihn mit dem Verlust der Manneskraft zu bestrafen.

Doch damit noch nicht genug: Auch als Heilmittel wurde und wird die geheimnisvolle Knolle gepriesen: Sie verschafft Linderung bei Arteriosklerose, hohem Blutdruck und Darmkatarrh sowie bei Leber- und Gallenleiden. Sie verleiht dem Körper neue Vitalität und Kraft – Eigenschaften, die nicht unerheblich sind für ihren ungemein anregenden Effekt.

Zu den wichtigsten Inhaltsstoffen des Knoblauchs gehört das Alliin, das für den charakteristischen Geruch verantwortlich ist.

Wie dem auch sei: Zwar mag der Knoblauch eine kleine unangenehme Begleiterscheinung zeigen, in jedem Fall besitzt dieses wunderbare Gewürz jedoch genügend Heil- und Wunderkräfte, um es auch für Sie zu einem regelmäßigen Bestandteil Ihrer Nahrung und Ihres Alltags werden zu lassen.

# muskatnuß

**Diese Nuß hat es** in sich. Ihr verführerisches Potential übertrifft das der ohnehin nahezu ausnahmslos anregend wirkenden Gewürze noch um ein Vielfaches: Die Muskatnuß ist ein Aphrodisiakum der Extra-Klasse.

Der Muskatbaum schenkt uns die Muskatnuß und die Muskatblüte (Macis) – beide wirken stark erotisierend und sexuell anregend.

Die unzweideutige Wirkung dieser beiden Ingredienzen war offenbar schon früh bekannt. Bereits im alten Indien gab man sich hemmungslos den angenehmen Begleiterscheinungen ihres Genusses hin. Und auch in Europa erfreuten sich die beiden „Appetitanreger" recht bald größter Beliebtheit – eine Tatsache, die vermutlich nicht in erster Linie auf deren charakteristische Würzkraft zurückzuführen ist ...

So war die Nuß bereits im Mittelalter ein weitverbreitetes und allgemein anerkanntes Mittel zur Steigerung der körperlichen Lust. Der italienische Arzt Matthiolus (16. Jahrhundert) gibt uns einen Rat, von dessen Qualität er sich vermutlich zunächst am eigenen Leibe überzeugte. Um das Verlangen des Fleisches zu wecken und zur Stärkung der Manneskraft sei es angeraten, so glaubte er, Muskatöl auf den Penis zu reiben, um so den „Venushandel" gut voranzubringen.

Auch den Hexen waren die Kräfte des gehaltvollen Gewürzes wohlbekannt. War es die Absicht eines jungen Mädchens, einen Mann so gründlich zu verführen, daß er ihr hinfort rettungslos verfallen war, so soll der Rat der weisen Frauen gelautet haben: „Bohre Löcher in die Muskatnuß und trage sie dann einige Tage unter der Achselhöhle, zermahle die Nuß und reiche dieses dann dem Angebeteten in einem Getränk. Er wird dich lieben müssen."

Sowohl in Asien als auch in Europa findet die Muskatnuß auch heute noch Verwendung als Aphrodisiakum.

Natürlich sind die so stimulierend wirkenden Inhaltsstoffe mittlerweile bekannt: Sie enthält ein euphorisierendes und wohl auch die Liebeslust entfachendes ätherisches Öl, das zu wesentlichen Teilen Myristicin enthält – einen Stoff, mit dem nicht zu spaßen ist, denn im Übermaß „genossen" kann er für einen Menschen tödlich sein.

In vernünftiger und angemessener Dosierung jedoch läßt sich so die Leidenschaft beflügeln. Riskieren Sie doch mal ein wenig!

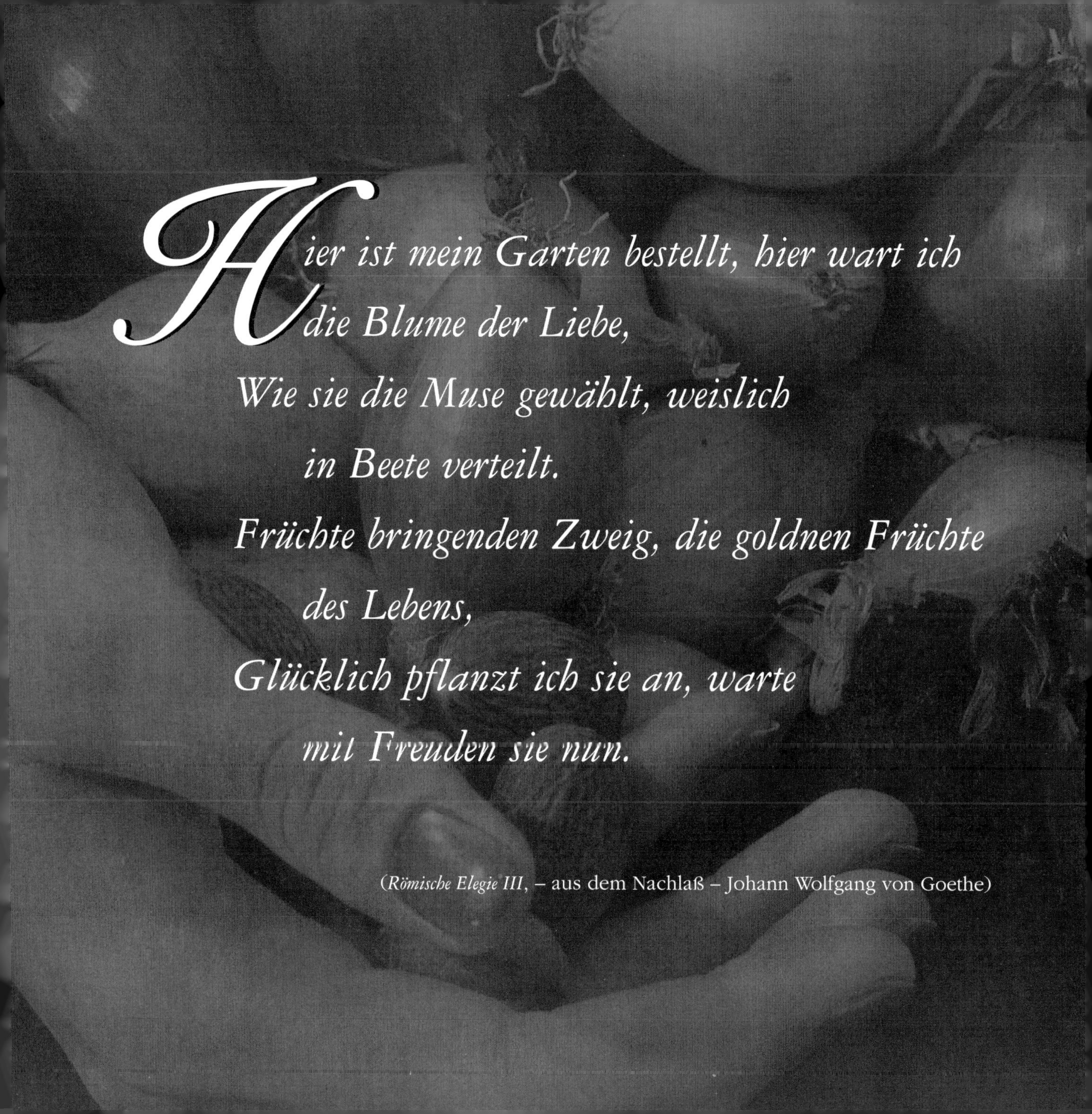

*Hier ist mein Garten bestellt, hier wart ich*
*die Blume der Liebe,*
*Wie sie die Muse gewählt, weislich*
*in Beete verteilt.*
*Früchte bringenden Zweig, die goldnen Früchte*
*des Lebens,*
*Glücklich pflanzt ich sie an, warte*
*mit Freuden sie nun.*

(*Römische Elegie III*, – aus dem Nachlaß – Johann Wolfgang von Goethe)

*Die Wollust bleibet doch der Zucker dieser Zeit,*

*Was kann uns mehr denn sie den Lebenslauf versüßen?*

*Sie lässet trinkbar Gold in unsre Kehle fließen*

*Und öffnet uns den Schatz beperlter Lieblichkeit.*

*In Tuberosen kann sie Schnee und Eis verkehren*

*Und durch das ganze Jahr die Frühlingszeit gewähren.*

(*Die Wollust*, Christian Hofmann von Hofmannswaldau)

# zwiebel

**So manchem** läßt sie, wenn man sie langsam, Lage für Lage, entblättert, die Tränen in die Augen steigen. Doch man kann einfach nicht von ihr lassen, denn nur sie verfügt über diese wundervolle Schärfe.

Wenn Sie die Zwiebel genießen, dann wird sie ein Feuerwerk entfachen, das nicht nur Ihren Gaumen zum Glühen bringen wird, sondern auch Ihre Leidenschaft in Wallungen geraten läßt.

Über die Gründe kann man mutmaßen. Fest steht jedoch, daß die feurige Zwiebel bereits seit Jahrtausenden in den Küchen dieser Welt Verwendung findet. Überliefert ist, daß sie bei den Ägyptern schon vor 3500 Jahren ein ausgesprochen beliebtes Nahrungs- und außerdem auch Heilmittel war. Von dem Genuß einer Zwiebel versprach man sich Erlösung bei Verdauungsstörungen, Besserung bei Blasenbeschwerden und Abhilfe bei Heiserkeit, denn dieses Liliengewächs ist vitaminreich und besitzt eine aseptische Wirkung.

Doch diese Pflanze verschafft eben nicht nur Linderung, sie kann denjenigen, der sie genießt, auch in arge Bedrängnis bringen. Wen kann es da noch erstaunen, daß es den Priestern der ägyptischen Göttin Isis – sie wurde wegen ihrer Gattentreue verehrt – sogar ausdrücklich verboten war, Zwiebeln zu verspeisen. In deren Form sah man viel zu offenkundig die Gebärmutter und im weiteren Sinne auch die Vulva versinnbildlicht, gleichzeitig erkannte man in ihr aber nicht minder deutlich die Gestalt von Hoden – und sprach der Pflanze auch die entsprechende Wirkung zu. Damit war die Zwiebel zugleich Abbild der männlichen wie der weiblichen Sexualität, stand ebenso für Verführungskraft wie für Zeugung.

Natürlich konnte es nicht ausbleiben, daß die Zwiebel bald auch in Europa in aller Munde war. Und auch dort erkannte man die ganze Bandbreite der Möglichkeiten dieses scharfen Liliengewächses, verwendete es eifrig, jedoch nicht nur um den Salat oder die Pasta-Sauce ein wenig schmackhafter zu machen.

Und bei dem Arzt und Botaniker Leonhart Fuchs (1501–1566) können wir es ganz präzise nachlesen: „Sie bringt den Frawen ihre krankheit, in die weiblich scham gethon. Sie macht das haar wiederrumb wachsen.“ Und: „Sie macht auch lust zu den weibern.“

Machen Sie sich doch die Feurigkeit der Zwiebel zunutze, genießen Sie sie als die vollendende Krönung Ihrer Speise und lassen von ihr, so ganz nebenbei, auch Ihre Leidenschaft entzünden.

*Ich koch ihm täglich Eier*

*und Selleriesalat.*

*Ist's auch die alte Leier*

*bleibt's doch ein guter Rat.*

(Altes Volkslied)

# *und raffiniert*

# Vorspeisen aus Gemüse

# artischocke

**Ob man es** selbst macht oder seinem Gegenüber dabei zusieht – schon das genüßliche und bedächtige Verzehren einer Artischocke ist eine höchst sinnliche Angelegenheit. Pflücken Sie das erste Blatt ab, tauchen Sie es vielleicht noch in eine köstliche Sauce, um es jetzt mit den Fingerspitzen in den Mund zu führen, das Ende dann mit den Lippen zu umfassen und beim Herausziehen langsam das köstliche Blattfleisch mit den Zähnen abzustreifen, das sämig-delikat auf der Zunge zurückbleibt – nicht nur für die Geschmacksnerven ein stimulierendes Erlebnis! Eine Artischocke hat viele Blätter – verwöhnen Sie abwechselnd sich und Ihren Partner mit dieser Gaumen- und Augenlust!

Die verführerische Wirkung der Artischocke beruht darüber hinaus aber auch auf ihrem reichen Gehalt an Bitterstoffen. Bereits seit mehreren hundert Jahren wird diese edle Gemüsefrucht als Aphrodisiakum empfohlen. Der italienische Arzt Matthiolus beschrieb im 16. Jahrhundert die wundersame Wirkung der Artischocke und fand dafür Worte, die an Deutlichkeit nichts zu wünschen übrig lassen: „Die Wurtzeln und das Fleisch unter den Köpfen (gemeint ist der Artischockenboden) mit Salz, Pfeffer und Galgant (Ingwer) gegessen, öffnet den Gang zum unkeuschen Samen.“ Und der Pflanzenkenner John Gerard konstatierte: „Das innere Fruchtfleisch, wenn es mit einer Brühe aus fettem Fleisch mit Pfeffer gekocht wird, gibt eine köstliche und wohlschmeckende Mahlzeit ab, die körperliche Lust hervorruft.“

Daß man sich auf die anregende Wirkung dieses Distelgemüses verlassen kann, wußte auch eine der bekanntesten „Verführerinnen von Beruf“: Gräfin Dubarry, Maitresse von Ludwig XV. Regelmäßig ließ sie die raffiniertesten Artischockengerichte zubereiten, um das Begehren des französischen Königs wachzuhalten.

Machen Sie aus dem Verspeisen einer Artischocke eine Zeremonie, entblättern Sie die Frucht in genießerischer Ruhe, bis Sie schließlich zu dem verborgenen Schatz dieser Frucht gelangen, dem köstlichen Artischockenherz. Genießen Sie dieses Enthüllen so, als würde langsam ein Kleidungsstück nach dem anderen abgestreift, um dem Zentrum körperlicher Lust immer näher zu kommen.

# Gebratene Scampi auf *Artischocken-Tomaten-Gemüse*

**TIP: Bewahren Sie die Artischocken in einer Plastiktüte in der kältesten Ecke Ihres Kühlschranks auf. Schneiden Sie eine Artischocke nicht auf, bevor Sie sie auch wirklich verwenden wollen, da diese sehr schnell braun wird. Wenn Sie die Schnittstellen mit Zitronensaft einreiben oder die aufgeschnittene Artischocke in Wasser mit etwas Zitronensaft legen, kann die Verfärbung vermieden werden.**

Die Tomaten kreuzweise einschneiden, mit kochendem Wasser übergießen und vorsichtig häuten. Danach die Tomaten halbieren und entkernen, das Fruchtfleisch in Würfel schneiden.

Nun die Artischocken entstielen und vierteln. Es empfiehlt sich, die harten Blattspitzen abzuschneiden. Auch den Pelz im Inneren der Artischocken entfernen und die Schnittflächen mit einem Stück Zitrone einreiben.

Die Butter in einem Topf erhitzen und die Tomatenwürfel hinzugeben. Mit Basilikum, Salz und Pfeffer abschmecken, wer mag, kann auch noch eine Prise Zucker hinzufügen. Die Artischockenviertel in Olivenöl anbraten, ebenfalls mit Salz und Pfeffer würzen und dann mit den Tomaten vermischen. Das Ganze ein paar Minuten köcheln lassen.

Die Scampi waschen, den Darm entfernen. Dann der Länge nach halbieren. Etwas Olivenöl in einer Pfanne erhitzen und darin die Scampihälften bei starker Hitze zunächst 2 Minuten braten. Dann die kleingehackten Knoblauchzehen hinzugeben, weitere 2 Minuten bei schwächerer Hitze braten, bis diese goldgelb sind. Regelmäßiges Wenden nicht vergessen! Die Scampihälften mit etwas Zitronensaft beträufeln und auf dem Gemüse anrichten.

Etwas Baguette oder knuspriges Weißbrot passen gut dazu.

## Zutaten für 2 Personen:

4 Artischocken
8 große Scampi (ohne Kopf)
2 große Tomaten
20 g Butter
3 1/2 EL Olivenöl
1 Zitrone
2 Knoblauchzehen
2 EL gehackte Basilikumblätter
Salz
grob gemahlener schwarzer Pfeffer
eventuell 1 Prise Zucker

# Gefüllte *Artischocken*

Die Artischockenstiele abbrechen oder -schneiden, die äußeren Blätter entfernen und die übrigen Blätter um die Hälfte kürzen (Schnittstellen mit Zitrone abreiben). Die Artischocken etwa 20 Minuten in Salzwasser kochen. Kurz kalt abspülen und dann das Wasser herauslaufen lassen. Das Herz mit einer drehenden Bewegung herausziehen und das darunterliegende Heu mit einem Löffel entfernen.

Die Tomaten kreuzweise einschneiden, mit kochendem Wasser übergießen, häuten und halbieren.

Nun die Füllung der Artischocken vorbereiten: Die Zitrone abwaschen und die Schale abreiben. Zwiebel und Knoblauch in kleine Würfel schneiden und in Olivenöl anbraten. Die getrockneten Tomaten kleinhacken. Knoblauch- und Zwiebelwürfel, Parmesan, getrocknete Tomaten, gehackte Kräuter und Zitronenschale mischen. Mit Salz und Pfeffer abschmecken und die Masse in die ausgehöhlten Artischocken füllen. Etwas Öl (von den getrockneten Tomaten oder von den angebratenen Zwiebel- und Knoblauchwürfeln) hineinlaufen lassen. Dann die Artischocken nebeneinander in einer feuerfesten Form plazieren. Den Wein und die frischen Tomatenhälften in die Form geben. 20 Minuten bei 200° C garen.

Dazu frisches Baguette reichen.

## Zutaten für 2 Personen:

*4 Artischocken*
*3 Tomaten*
*40 g getrocknete Tomaten in Öl*
*1 Zitrone*
*1-2 Knoblauchzehen*
*1 Zwiebel*
*1 EL Olivenöl*
*40 g frischer geriebener Parmesan*
*4 Stiele Petersilie*
*2 Stiele Basilikum*
*Salz und Pfeffer*
*200 ml trockener Weißwein*

# Artischocken
# *im Kräutersud*

## Zutaten für 2 Personen:

*2 große Artischocken*
*2 Tomaten*
*2 Schalotten*
*2 Knoblauchzehen*
*100 ml trockener Weißwein*
*100 ml Kalbsfond*
*3 EL Olivenöl*
*1/2 Zitrone*
*1/2 Bund gemischte Kräuter der Provence (Basilikum, Oregano, Thymian, Rosmarin, Salbei)*
*1/2 TL Lavendelblüten*
*Salz*
*frisch gemahlener weißer Pfeffer*

**Hinweis: Ganz frische Artischocken werden immer mit den Fingern gegessen. Stellen Sie deshalb für Ihren Gast eine Fingerschale mit etwas Zitronenwasser bereit. Auch ein Schälchen für die nicht eßbaren Reste der Artischockenblätter sollte nicht fehlen.**

Die Artischocken auf ein Brett legen und dann die Stiele abschlagen oder -schneiden. Die Fasern aus dem Boden entfernen.
Einen Kochtopf mit Wasser füllen, eine Prise Salz und 2 EL frisch gepreßten Zitronensaft hinzugeben. Die Artischocken darin etwa 45 Minuten bei schwacher Hitze zugedeckt köcheln lassen.
Für den Kräutersud die Tomaten häuten (vorher kreuzweise einschneiden und mit kochendem Wasser übergießen), entkernen und würfeln. Auch die Schalotten und die Knoblauchzehen fein würfeln.
Schalotten- und Knoblauchwürfel in 1 1/2 EL Olivenöl andünsten, jedoch nicht braun werden lassen. Nun den Weißwein, etwas Zitronensaft und Kalbsfond dazugeben. Mit Salz und frisch gemahlenem weißem Pfeffer abschmecken.
Die Kräuter kleinhacken und zusammen mit den Lavendelblüten und den Tomaten in den Sud einrühren.
Wenn die Artischocken gar sind, abtropfen lassen und auf einen Teller geben.
Das restliche Olivenöl unter die Sauce quirlen und die Artischocken damit umgießen.

# Artischocken *mit cremigem Dip*

Lorbeerblatt, den Saft einer 1/2 Zitrone, 3 Knoblauchzehen, 1 TL schwarze Pfefferkörner, 2 frische Thymianzweige, 1/2 TL Salz und – wenn Sie möchten – etwas kleingehackte Petersilie in einen mit Wasser gefüllten Kochtopf geben und das Ganze zum Kochen bringen.

Die stacheligen Spitzen der Artischockenblätter abschneiden und die Schnittstellen mit einem Stück Zitrone einreiben.

Die Artischocken in das kochende Wasser mit den Gewürzen legen. Um sie während des Kochens unter Wasser zu halten, mit einer Schale oder einem Teller beschweren. Etwa 20 bis 30 Minuten auf kleiner Flamme kochen, bis sich die Blätter leicht herausziehen lassen.

Bereiten Sie währenddessen den Dip vor: Die Mayonnaise mit dem Balsamico, 1 TL Zitronensaft, Tabasco, 1 kleingeschnittenen Knoblauchzehe und etwas gehackter Petersilie (je nach Geschmack) verrühren.

Wenn die Artischocken gar sind, die Flüssigkeit abgießen. Gut abtropfen lassen und mit dem Dip warm servieren.

## Zutaten für 2 Personen:

*2 kleine Artischocken*
*1 Lorbeerblatt*
*1 Zitrone*
*4 Knoblauchzehen*
*1 TL schwarze Pfefferkörner*
*2 Zweige frischer Thymian*
*1/2 TL Salz*
*Petersilie*
*4 EL kalorienarme Mayonnaise*
*1 EL Balsamico*
*2 Spritzer Tabasco*

# avocado

**Auf den ersten Blick** sieht diese birnenförmige Frucht mit ihrer ledrig anmutenden Schale eher unscheinbar aus. Doch bei genauerem Hinsehen entpuppt sie sich als eine überaus sinnliche Frucht.

Schauen Sie die aufgeschnittene Avocado einmal an – weckt sie nicht die Vorstellung an eine weibliche Vulva? Streichen Sie jetzt mit den Fingern über das sanft glänzende Grün-Gelb in ihrem Inneren – ist es nicht wie die Einladung zu einer zärtlichen Massage mit wohlriechendem Öl? Und dann das cremige, zarte Fleisch der Frucht selbst – es zergeht regelrecht auf der Zunge ... Augen, Hände, Mund – fast jeder Sinn wird durch diese überaus vielseitige Frucht angesprochen.

Bis heute wird der Avocadobaum in Mittelamerika, wie in vielen anderen Gebieten mit tropischem Klima, wegen seiner Früchte angebaut, die seit jeher ein wichtiges indianisches Nahrungsmittel waren und nach wie vor sind.

Doch damit nicht genug: Die Indianer glauben an die medizinischen Heilkräfte dieser Pflanze. Die Blätter werden gegen Fieber eingesetzt, das Fruchtöl gegen Flechten, die Rinde gegen Frauenleiden.

Kern und Fruchtfleisch sollen sogar eine besonders pikante Wirkung zeigen: Sie gelten als Aphrodisiakum, das nicht nur körperliches Begehren weckt, sondern auch die nötige Kraft dafür verleiht. So verwundert es nicht – und erst recht nicht, wenn man sich die Avocado einmal genau ansieht, sie mit der Hand umschließt und leicht drückt –, daß sich der Name der Frucht von dem aztekischen „ahuácatl", Hoden, herleitet. Damit beschrieben die Azteken nicht nur das Äußere dieser Frucht, sondern priesen sie zugleich als eßbare Quelle für Lust und Manneskraft.

Als im 16. Jahrhundert die spanischen Flotten immer zahlreicher an den Küsten Mittelamerikas auftauchten, blieb auch ihnen diese „Wunderfrucht" natürlich nicht verborgen, und nach ihrer Rückkehr machten sie die Avocado dann auch in Europa bekannt. Inzwischen ist die Frucht aus unserer Küche nicht mehr wegzudenken.

Wenn Sie zu den aufgeschlossenen Freund(inn)en der Lustbarkeit gehören: Die Avocado birgt viele Möglichkeiten der Verwendung, denn sie eignet sich nicht nur zum Verzehr, sondern ist auch äußerst hautverträglich ...

# Spinat-Avocado-Salat
## *mit warmer Senfvinaigrette*

### Zutaten für 2 Personen:

*1 Avocado*
*40 g Spinatblätter*
*einige Blätter Eichblattsalat*
*4 EL Olivenöl*
*1 EL Sesamkörner*
*1 EL körniger Senf*
*1 EL Zitronensaft*

**TIP: Eine reife Avocado muß noch fest sein und sollte bei sanftem Druck nur leicht nachgeben. Achten Sie beim Kauf darauf, daß die Schale unbeschädigt ist.**

Zunächst die Spinat- und Salatblätter gründlich waschen, gut abtropfen lassen und in eine Schüssel geben.
Die Avocado halbieren, den Kern entfernen, schälen, in feine Scheiben schneiden und über den Salat verteilen.
Ein wenig Olivenöl in der Pfanne erhitzen, darin die Sesamkörner rösten, bis sie goldgelb sind, dann vom Herd nehmen und etwas abkühlen lassen.
Nun den Senf, das restliche Olivenöl und den Zitronensaft beifügen. Gut verrühren und warm über den Salat gießen.
Vorsichtig unterheben und sofort servieren.

# Kürbis *mit Chili und Avocado*

Zunächst die Zwiebel schälen, halbieren und eine der Hälften würfeln. Korianderblätter und Minze waschen, dann kleinhacken.
Die Kerne aus dem Kürbis herauskratzen und die Schale entfernen. Das Kürbisfleisch in Scheiben schneiden und in einen Topf mit Wasser geben. Bei niedriger Temperatur garen, aber darauf achten, daß es bißfest bleibt. Dann vom Herd nehmen, abschütten und gut abtropfen lassen.

Aus Olivenöl, Koriander, Minze, Chilisauce, Zwiebelwürfeln, Balsamico und einer Prise braunem Zucker das Dressing zubereiten.
Die Avocado halbieren, den Kern herauslösen, dann schälen. Vorsichtig in gleich große Stückchen schneiden.
Den noch warmen Kürbis mit den Avocadostücken mischen und mit dem Dressing vermengen.
Auf zwei Teller verteilen, mit etwas Basilikum garnieren und sofort servieren.

## Zutaten für 2 Personen:

*1 Avocado*
*300 g Kürbis*
*1/2 kleine rote Zwiebel*
*3 EL Olivenöl*
*1 TL süße Chilisauce*
*1 TL Balsamico*
*1 Prise brauner Zucker*
*1 EL kleingehackte frische Korianderblätter*
*1 EL kleingehackte frische Minze*
*etwas Basilikum zum Garnieren*

# Sellerie

**Dieser alten** Gartenpflanze, die eigentlich so harmlos und beinahe schon gewöhnlich aussieht, eilt ein geradezu atemberaubender Ruf voraus: Keine andere Pflanze ist in Europa als Aphrodisiakum so bekannt – und berüchtigt – wie dieses Doldengewächs.

Ganz offenbar zeigte dieses Gemüse eine derart frappierende Wirkung, daß es bald nicht mehr nur als heimliches Wundermittel gehandelt wurde, dem im verborgenen zahllose Männer vertrauten, sondern man pries es gar in Volksreimen und „Hohe"liedern.

Es kam vor, daß noch gänzlich unverdorbene Gemüter besorgt vor dem Verzehr eines aus dem Sellerie zubereiteten Salates gewarnt wurden. Einer, der zu diesen sorgenvollen Gesellen gehörte, war Grimod de la Reynière. Er deklamierte: „Sellerie – so verpflichtet uns unser Gewissen, schüchterne Leute zu warnen – soll nicht nur vorsichtig genossen werden. Auf keinen Fall sollte man daraus einen Salat für Junggesellen zubereiten."

Der spanische Dichter Lope de Vega (1562–1635), selbst allerdings alles andere als unbescholten – er war berühmt und berüchtigt wegen seines turbulenten Liebeslebens – und daher in diesem Punkt wohl besonders glaubwürdig, jauchzte hingerissen: Sellerie als Gemüse genossen oder als Tinktur verabreicht mache zumindest „geile Träume" und entfache – auch bei den den körperlichen Genüssen gegenüber ansonsten wenig aufgeschlossenen Vertretern des männlichen Geschlechts – wildes Verlangen und hemmungslose Begierde.

Im allgemeinen sprach man besonders der Wurzel liebesfördernde und die Glut der Leidenschaft entfachende Kräfte zu.

Kein Wunder: Sie enthält ein anregendes ätherisches Öl und darüber hinaus viele lebenswichtige Mineralstoffe – gesund ist dieses Gemüse also auch noch. Die verschiedenen Bestandteile des Öls wirken wohltuend auf Magen und Darm und treiben den Harn. Auch heute noch wird der Sellerie in diesem Sinne angewandt.

Mit anderen Worten: Wenn Sie sich auf den Genuß dieses vielseitigen Gemüses einlassen, können Sie überhaupt nichts falsch machen. Sie bereiten Ihrem Körper in jedem Falle eine Freude und vielleicht haben Sie ja auch noch ein weiteres Vergnügen dabei ...

# Sellerieplätzchen *mit Paprika-Ragout*

## Zutaten für 2 Personen:

*1 Sellerieknolle (etwa 400 g)*
*1 Stange Staudensellerie*
*2 rote Paprika*
*4 Tomaten*
*1 Schalotte*
*1/8 l Sahne*
*2 EL Traubenkernöl*
*1 Schuß trockener Weißwein*
*1 hartgekochtes Ei*
*30 g Butter*
*1 EL feingehackte Kerbelblättchen*
*Salz*
*frisch gemahlener schwarzer Pfeffer*
*frisch geriebene Muskatnuß*

Die Sellerieknolle schälen, in etwa 1 cm dicke Scheiben schneiden und diese würfeln.
In einen Topf geben, mit Sahne begießen und zugedeckt weichschmoren (dauert etwa 30 Minuten). Dann das Gemüse mit einer Gabel fein zerdrücken und mit Salz, frisch gemahlenem schwarzem Pfeffer und Muskatnuß abschmecken.
Nun von der Selleriestange die grünen Blätter entfernen und zur Seite legen. Sie werden später noch verwendet.
Die Stange in dünne Scheiben schneiden und kurz mit heißem Salzwasser überbrühen. Auf ein Sieb geben und abtropfen lassen.
Die Paprikaschoten halbieren, Stengelansätze und Samenkerne entfernen. Tomaten in kochendes Wasser tauchen, häuten, halbieren und entkernen. Nun die Schalotte schälen und ebenso wie die Paprikaschoten und die Tomaten würfeln. Öl in eine Pfanne geben, die Schalottenwürfel hinzufügen, anbraten, bis sie glasig sind, dann mit einem Schuß trockenen Weißwein ablöschen.
Nun auch die Paprika- und Tomatenwürfel beifügen und bei mittlerer Hitze zu Mus verkochen lassen. Mit Salz und frisch gemahlenem schwarzem Pfeffer abschmecken, dann kalt stellen.
Das hartgekochte Ei kleinhacken und zusammen mit den Kerbelblättchen und den Selleriescheibchen unter das Selleriepüree mischen. Erneut abschmecken.
Aus der Masse vier runde Plätzchen formen und in heißer Butter auf beiden Seiten goldgelb braten.
Die Sellerieplätzchen auf zwei Teller geben, das Paprikaragout darauf verteilen und mit den aufbewahrten Sellerieblättchen garnieren.
Sofort servieren!

# Sellerie-*Nudeln*

## Zutaten für 2 Personen:

*250 g Staudensellerie*
*125 g Penne*
*30 g schwarze Oliven*
*40 g getrocknete Tomaten*
*1 Knoblauchzehe*
*1 Zwiebel*
*4 EL Olivenöl*
*Salz*
*frisch gemahlener schwarzer Pfeffer*
*4 Salbeiblätter*

Sellerie putzen, abspülen und in dünne Scheiben schneiden. Selleriegrün fein hacken.
Oliven entkernen, getrocknete Tomaten kleinschneiden. Knoblauch und Zwiebel schälen, dann fein hacken.
Nudeln in Salzwasser mit einem Schuß Olivenöl bißfest kochen.
Olivenöl in einer Pfanne erhitzen. Knoblauch, Zwiebel- und Selleriestückchen hineingeben und unter Rühren etwa 5 Minuten braten.
Oliven und Tomatenstückchen hinzufügen. Nochmals gut umrühren.
Nudeln auf einem Sieb abtropfen lassen und zu den übrigen Zutaten in die Pfanne geben. Nun auch das Selleriegrün beigeben. Mit Salz und frisch gemahlenem schwarzem Pfeffer abschmecken.
Die Nudeln auf zwei Teller verteilen. Salbeiblätter waschen und über das Gericht streuen.
Sofort servieren!

# Gefüllter *Staudensellerie*

## Zutaten für 2 Personen:

*1/2 Staudensellerie*
*100 g Frischkäse*
*1/4 Becher Joghurt natur*
*1 EL Milch*
*2 EL kleingeschnittener Schnittlauch*
*Salz*
*frisch gemahlener schwarzer Pfeffer*
*Cayennepfeffer*
*Paprikapulver*
*1 Messerspitze Muskat*
*etwas frische Petersilie oder Basilikumblätter zum Garnieren*

Staudensellerie putzen, einige der Blätter zum Garnieren zurückbehalten. Die einzelnen Selleriestangen ablösen (nur die Hälfte der Stangen wird verwendet), dann ein kleines Stück vom unteren Ende und das dünne obere Ende jeder Stange abschneiden. Die dünnen Enden zu feinen Streifen zerkleinern.
Den Schnittlauch waschen und kleinschneiden.

Frischkäse, Joghurt, Milch, Schnittlauch und die Selleriestreifen in eine Schüssel geben und verrühren.
Die Creme mit Salz, frisch gemahlenem schwarzem Pfeffer, Cayennepfeffer, Paprikapulver und einer Messerspitze Muskat abschmecken und über die Selleriestangen verteilen.
Mit etwas frischer Petersilie oder mit einigen Basilikumblättern garnieren.
Frisches Baguette dazu servieren.

# Blumenkohl-
# *Sellerie-Gemüse*

Zwiebel schälen und würfeln. Den Blumenkohl putzen und in Röschen zerteilen, den Stangensellerie wie auch die Oliven in dünne Scheiben schneiden. Den Apfel halbieren, das Kerngehäuse entfernen und den Apfel in kleine Stücke schneiden; ebenso die Kapern.

Öl in einer Pfanne oder einem Wok erhitzen und die Zwiebelwürfel unter Rühren anbraten.

Dann die Blumenkohlstücke und die Selleriescheiben hinzugeben. Das Gemüse anbraten, bis es leicht gegart ist (es darf nicht zu weich werden, sondern sollte noch Biß haben).

Oliven-, Apfel- und Kapernstückchen hinzufügen und das Ganze unter Rühren noch ein paar Minuten garen lassen. Mit Salz und frisch gemahlenem schwarzem Pfeffer abschmecken.

Nun eine Vertiefung in das Gemüse drücken (zum Beispiel mit einer Schöpfkelle) und dort den Zucker sowie den Apfelweinessig hineingeben. Zucker und Essig so lange verrühren, bis sich der Zucker aufgelöst hat, dann erst das Gemisch unter das Gemüse heben. Noch einmal mit Salz, Pfeffer und eventuell etwas Essig abschmecken. Sofort servieren.

## Zutaten für 2 Personen:

*1/2 Blumenkohl*
*1 Stangensellerie*
*1 Zwiebel*
*40 g schwarze Oliven, entsteint*
*1 süßer Apfel*
*1 EL Kapern*
*2 EL Öl*
*1 EL Apfelweinessig*
*1 EL brauner Rohrzucker*
*Salz*
*frisch gemahlener schwarzer Pfeffer*

# Sellerie-
# *Cremesuppe*

## Zutaten für 2 Personen:

*100 g Knollensellerie*
*2 Tassen*
*Gemüsebrühe (instant)*
*4 TL Crème fraîche*
*1 TL Zitronensaft*
*1 Scheibe Roggenbrot*
*Salz*
*frisch gemahlener*
*weißer Pfeffer*
*Petersilie*
*Basilikum*

Sellerie waschen und kleinschneiden. Dann in einem Topf mit einer Tasse Wasser und der Gemüsebrühe etwa 5-7 Minuten weichkochen. Anschließend den Sellerie durch ein Sieb streichen. Crème fraîche hinzufügen und gut umrühren.
Mit Zitronensaft, Salz und frisch gemahlenem weißem Pfeffer abschmecken.

Brot würfeln und in einer Pfanne ohne Fett kurz anrösten.
Petersilie und Basilikum waschen und grob zerpflücken. Suppe auf zwei Teller verteilen. Dann Brotwürfel und Kräuter darüberstreuen. Mit etwas frischem Baguette servieren.

# Zucchini-Sellerie-Salat
## *mit Mozzarella und Anchovis*

Staudensellerie putzen und waschen, dann in Streifen schneiden. Die zarten Blättchen zum Garnieren beiseite legen.
Zucchini waschen und in dünne Scheiben schneiden. Ebenso die Tomaten.
Anchovisfilets abspülen. Einige beiseite legen. Sie werden später zum Garnieren verwendet. Die übrigen in Würfel schneiden.
Nun auch den Mozzarella abspülen, dann in Scheiben schneiden. Das Basilikum waschen, grob zerpflücken und zusammen mit den übrigen vorbereiteten Zutaten in eine Schüssel geben. Gut vermischen.
Für das Dressing Weißweinessig mit Salz und frisch gemahlenem schwarzem Pfeffer verrühren, das Olivenöl unterrühren, dann die Mischung über den Salat geben. Gut umrühren. Noch einmal mit Salz und Pfeffer abschmecken.
Den Salat auf zwei Teller verteilen. Mit den übrigen Anchovisfilets und den Sellerieblättchen garnieren.
Dazu etwas Baguette servieren.

### Zutaten für 2 Personen:

*150 g Staudensellerie*
*75 g Zucchini*
*100 g Tomaten*
*20 g Anchovisfilets (aus der Dose)*
*1 Mozzarella (150 g)*
*Basilikum*
*3 EL Weißweinessig*
*3 EL Olivenöl*
*Salz*
*frisch gemahlener schwarzer Pfeffer*

spargel

Ob in Hellgelb oder Grün – schon seit Jahrtausenden schätzen ihn Gourmets als exquisites Gemüse und Genußmittel, wurde er doch bereits im Altertum von den Ägyptern, Griechen und Römern angebaut.

Und das ist noch heute so: Kaum ist im Frühjahr die Spargelzeit angebrochen, sieht man allerorten jung und alt mit den zu Bündeln geschnürten Stangen die Gemüseläden verlassen und eilig in Richtung heimischer Küche hasten. Sicher, Spargel ist reich an Vitaminen und Mineralstoffen. Aber gibt es für seine Beliebtheit nicht vielleicht noch einen anderen Grund? Schauen wir uns dieses Gewächs doch einmal etwas genauer an. Woran erinnert uns sein Anblick nur ... genau, tatsächlich, da halten wir ein Phallussymbol allererster Güte in Händen. Nicht umsonst glaubt man seit alters her, daß der Spargel die Libido anrege.

Dies machten sich schon die weisen Frauen Indiens zunutze, um bei ihren Männern das Feuer der Leidenschaft zu entfachen, deren Manneskraft zu neuer Stärke zu verhelfen. Zu diesem Zwecke bereiteten sie einen Absud aus den geheimnisvollen Stangen zu. Das verheißungsvolle Rezept muß sehr wirkungsvoll gewesen sein, denn auch bei den Hexen fand es noch rege Anwendung.

Auch das männliche Geschlecht schwor offenbar auf die kraftbringende Wirkung dieses Gemüses. Die orientalische Liebeslehre des Scheik Nefzaui, die um 1500 verfaßt wurde, verspricht demjenigen, der regelmäßig Spargel zu sich nimmt, daß er „stark zum Beischlaf werden und darin ein Reizmittel seiner Liebesgelüste finden“ kann. Und auch einer der großen Kurtisanen des 17. Jahrhunderts war die aphrodisische Kraft dieses Gemüses nicht fremd: Stand eine ganz besondere Nacht mit einem ihrer Liebhaber bevor, war es für Ninon de Lenclos unumgänglich, zum Auftakt ein gemeinsames Spargelmahl zu sich zu nehmen.

Vertrauen Sie ruhig den Worten des italienischen Arztes Matthiolus (16. Jahrhundert): „Spargel in die speis getan, bringt den Männern lustige begierd.“ – Er wird schon gewußt haben, wovon er sprach.

Übrigens: Spargel muß man durchaus nicht immer mit Messer und Gabel essen, er bietet noch einige andere Möglichkeiten für orale Vergnügungen.

# Tagliatelle mit *grünem Spargel und Kräutern*

## Zutaten für 2 Personen:

*100 g grüner Spargel*
*250 g Tagliatelle*
*30 g Butter*
*150 ml Sahne*
*1 EL kleingehackte frische Petersilie*
*1 EL kleingehacktes frisches Basilikum*
*Salz*
*frisch gemahlener schwarzer Pfeffer*
*Parmesan*
*Basilikumblättchen*

Die holzigen Enden des Spargels entfernen und die Stangen in etwa 4 cm lange Stücke schneiden.
Die Nudeln in einem Topf mit Salzwasser „al dente" kochen (siehe Angabe auf der Packung), dann abgießen.
Butter in einem Topf zerlassen, den Spargel darin bei mittlerer Temperatur etwa 2 Minuten dünsten. Er muß auf jeden Fall bißfest bleiben. Petersilie und Basilikum waschen, kleinhacken und dann zusammen mit der Sahne dazugeben. Mit Salz und frisch gemahlenem Pfeffer abschmecken. 2 Minuten kochen lassen.
Parmesan reiben, einrühren, dann die Sauce über die Nudeln gießen und gut vermengen.
Die Pasta auf zwei vorgewärmte Teller verteilen. Gehobelten Parmesan darüberstreuen und mit einigen Basilikumblättchen garnieren.

# Spargelsalat *mit Mangold*

Spargel schälen und holzige Enden abschneiden. Mangold und Lauchzwiebeln waschen. Den Spargel in kochendem Salzwasser bei kleiner Hitze garen, nach ungefähr 10 Minuten Mangold und Lauchzwiebeln hinzugeben und weitere 5 Minuten kochen lassen. Spargel, Mangold und Lauchzwiebeln aus dem Wasser nehmen, abtropfen lassen und auf zwei Tellern anrichten.

Vom Gemüsewasser etwa 200 ml abnehmen. Mit Essig und Öl vermischen und auf das Gemüse geben.

Mit frisch gemahlenem weißem Pfeffer und Salz abschmecken.

Mit frischem Weißbrot servieren. Schmeckt kalt und lauwarm!

## Zutaten für 2 Personen:

*500 g Spargel*
*300 g Mangold*
*4 Lauchzwiebeln*
*2 EL Apfelessig*
*3 EL Öl*
*Salz und weißer Pfeffer*

# Das andere

*Was im Netze? Schau einmal!*
*Aber ich bin bange;*
*Greif' ich einen süßen Aal?*
*Greif' ich eine Schlange?*

*...*

*Schon schnellt mir's in Händen!*
*Ach Jammer! o Lust!*
*Mit Schmiegen und Wenden*
*Mir schlüpft's an die Brust.*

*Es beißt sich, o Wunder!*
*Mir keck durch die Haut,*
*Schießt's Herze hinunter!*
*O Liebe, mir graut!*

(*Erstes Liebeslied eines Mädchens*,
Eduard Mörike)

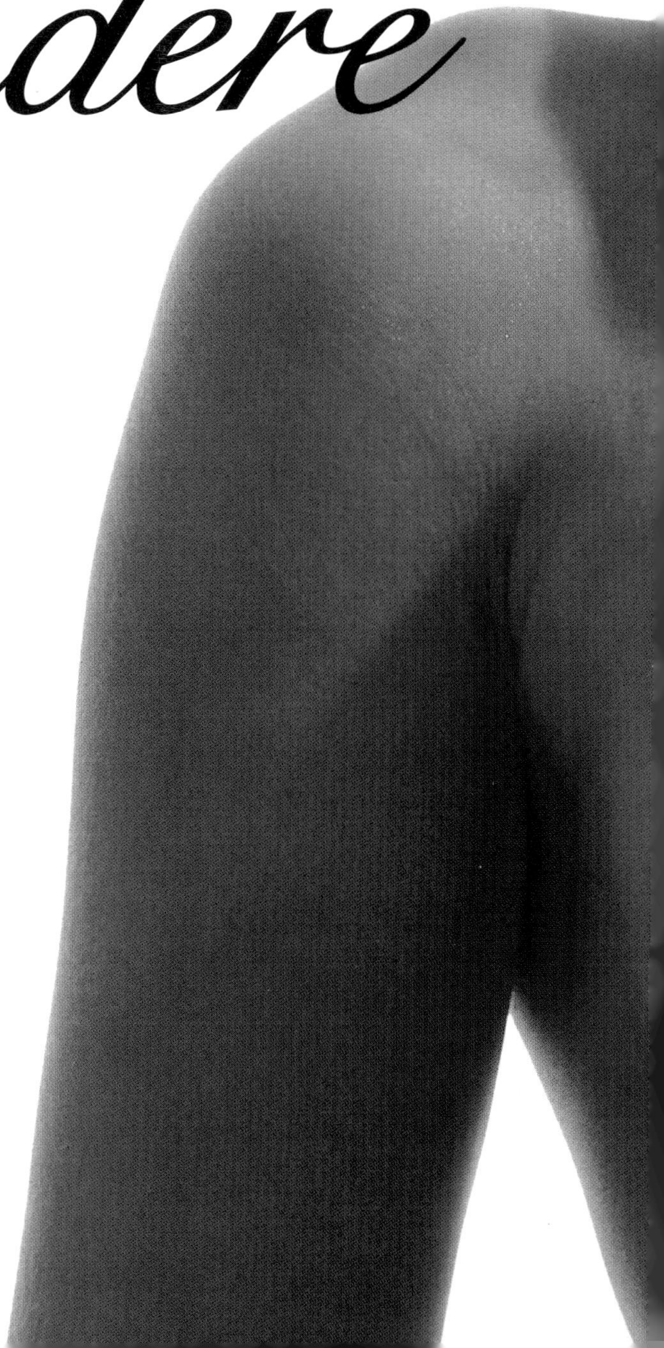

# Element

# Hauptgerichte aus Meeresfrüchten

aal

# De Anguilla:

*Woher stammt der Aal? Der Aal besteht mehr aus warmer als aus kalter Luft. Er liebt die Nacht und hat die Natur gewisser Würmer, die gern in Höhlen leben, aber doch nicht unrein sind. Aber er hat auch die Natur der Fische und frißt wenig unreine Nahrung.*

Hildegard von Bingen

So also sah die Vorstellung der Benediktinerin Hildegard von Bingen von den Fischen im allgemeinen und den Aalen im besonderen aus.

Auch heute noch ist vielen Menschen dieses gehaltvolle Tier wegen seines schlangenförmigen Körpers und seiner dicken schleimigen Haut ein wenig unheimlich. Doch damit wird diesem delikaten Süßwasserfisch zutiefst unrecht getan.

Offenbar konnte dann doch der eine oder andere Genießer die anfängliche Voreingenommenheit überwinden – und dies scheint den verwegenen Liebhabern der Gaumenfreuden sogar großen Spaß gemacht zu haben. Wie sonst sollte man sich erklären, daß der Aal seit langer Zeit als ein ausgesprochen zuverlässiges Aphrodisiakum gilt?

Und zudem hat dieser Fisch auch noch einen überaus faszinierenden Lebenslauf aufzuweisen. Die Fische bleiben fünf bis achtzehn Jahre im Süßwasser, ehe sie sich auf die Wanderung in die Sargassosee machen, wo sie schließlich ablaichen – und dann sterben. Wenn sich die Aale auf diesen ihren letzten Weg machen, die Krönung ihres Lebens, wird ihre Haut fester, auf dem Rücken dunkler und die Augen vergrößern sich. Die Fische stellen die Nahrungsaufnahme ein, die Verdauungsorgane bilden sich zurück und machen den Geschlechtsorganen Platz.

Aal ist ein kulinarischer Hochgenuß, der sich vorzüglich für ein lustbringendes Liebesmahl eignet. Dennoch sollte man dieses wohlschmeckende Fleisch in Maßen genießen, da es sehr fetthaltig ist. Außerdem enthält das Blut des Aals ein starkes Nervengift; davon sollten Sie sich jedoch nicht abschrecken lassen, und es gibt auch keinen Anlaß, Assoziationen an die nahe Verwandtschaft von grenzenloser Leidenschaft und Tod heraufzubeschwören. Denn die gefährlichen Substanzen werden durch Räuchern und Kochen des Aals zerstört.

# Grüner Aal *in Dillsauce*

## Zutaten für 2 Personen:

*600 g abgezogener Aal*
*200 ml Gemüsebrühe*
*75 ml trockener Weißwein*
*50 g Zwiebeln*
*50 g Möhren*
*20 g Butter*
*1 TL Weizenmehl*
*1 Eigelb*
*3 EL Crème fraîche*
*1 EL Zitronensaft*
*einige Petersilienstiele*
*2 EL fein geschnittener Dill*
*4 frische Salbeiblätter*
*10 schwarze Pfefferkörner*
*1 Lorbeerblatt*
*1 TL Wacholderbeeren*
*1 Prise Zucker*
*Salz*
*frisch gemahlener schwarzer Pfeffer*

Den abgezogenen Aal waschen, trockentupfen und in etwa 4 cm lange Stücke schneiden. Mit Zitronensaft beträufeln und mit Salz und frisch gemahlenem schwarzem Pfeffer würzen. 15 Minuten ziehen lassen.

Petersilie, Dill und Salbeiblätter zerkleinern, Zwiebeln und Möhren fein würfeln.

Gemüsebrühe zusammen mit dem Weißwein und etwas Salz, den Pfefferkörnern und dem Lorbeerblatt zum Kochen bringen. Nun Petersilie, Zwiebel- und Möhrenstückchen einstreuen und die Wacholderbeeren hinzugeben. Wer möchte, kann auch eine Prise Zucker beifügen. Den Sud etwa 10 Minuten bei niedriger Temperatur köcheln lassen.

Aalstücke hineingeben und etwa 5 Minuten bei schwacher Hitze garen. Dann aus dem Sud herausheben. Damit der Fisch warm bleibt und nicht austrocknet, mit einem in heißes Wasser getauchten, gut ausgewrungenen Küchentuch abdecken (nicht im Backofen warmhalten!).

Den Sud durch ein Sieb streichen und kurz in den Kühlschrank stellen, damit er schnell abkühlt.

Butter in einem Topf zum Schmelzen bringen und unter ständigem Rühren das Mehl beigeben. Kurz anrösten, dann 1 ¹/₂ Tassen des abgekühlten Suds langsam einrühren und das Ganze etwa 5 Minuten bei niedriger Flamme köcheln lassen, dann vom Herd nehmen.

Ein Eigelb mit Crème fraîche verquirlen und in die Sauce rühren (nicht mehr auf den Herd stellen).

Nochmals abschmecken, Dill, Salbei, eventuell noch etwas Petersilie hinzufügen und dann den Aal hineingeben.

Sofort servieren. Baguette oder Toast passen gut dazu.

# Aalspießchen *nach japanischer Art*

Den abgezogenen Aal waschen und in 4 cm große Stücke schneiden. In eine Auflaufform legen.
Ingwerwurzel und Zwiebel schälen. Den Ingwer sehr fein würfeln. Die Zwiebel halbieren und in große Würfel schneiden.
Das Koriandergrün waschen und kleinschneiden.
In einem Topf den Sake zusammen mit dem Honig und der Sojasauce vorsichtig erhitzen.
Die Ingwerwürfel in die Flüssigkeit einrühren und diese über die Aalstücke gießen. Die Auflaufform mit einem Küchentuch zudecken und den Aal im Kühlschrank 6 Stunden in der Marinade ruhen lassen.
Nach Ablauf dieser Zeit die Aalstücke aus der Auflaufform herausnehmen und trockentupfen. Die Marinade noch für die Zubereitung der Sauce aufbewahren.

Nun abwechselnd ein Stück Aal und einen Zwiebelwürfel auf Metallspießchen stecken. Die Aalstücke mit etwas Erdnußöl bestreichen, mit Salz und Paprikapulver würzen.
Auf einem Holzkohlengrill (oder im Backofen) etwa 8 Minuten grillen, dabei mehrmals wenden.
Für das Zubereiten der Sauce die Hälfte der aufbewahrten Aalmarinade verwenden. Mit dem Joghurt verrühren und mit Salz und Paprikapulver abschmecken. Dann einen Teil des Koriandergrüns hinzugeben.
Die Aalspieße auf zwei vorgewärmte Teller verteilen und mit der Sauce umgießen. Sie kann aber auch für jede Person in einem extra Schälchen gereicht werden. Mit etwas Paprikapulver (oder Streifen frischer Paprika) und mit Koriandergrün garnieren.
Ideale Beilage ist Reis.

## Zutaten für 2 Personen:

*450 g abgezogenen Aal*
*1 Gemüsezwiebel*
*1 TL fein gewürfelte Ingwerknolle*
*1 EL fein geschnittenes Koriandergrün*
*40 ml Sake*
*1 EL Honig*
*1 1/2 EL dunkle Sojasauce*
*1 EL Erdnußöl*
*50 ml Joghurt*
*Paprikapulver (mild)*
*Salz*

# Aalsteaks *mit Zwiebelkraut*

## Zutaten für 2 Personen:

*4 Aalfilets*
*4 dünn geschnittene Scheiben magerer, geräucherter Schinken*
*250 g rote Zwiebeln*
*3 EL Öl*
*1/8 l trockener Rotwein*
*1 Spritzer Zitronensaft*
*1 Koriandersamen*
*1 Gewürznelke*
*2 Wacholderbeeren*
*1 Lorbeerblatt*
*1 Thymianzweig*
*2 kleine Chilischoten*
*Salz*
*frisch gemahlener schwarzer Pfeffer*

Aalfilets mit Salz und Pfeffer würzen und jedes mit einer Scheibe mageren, geräucherten Schinken umwickeln. Mit einem Stück Küchengarn festbinden.

Die Zwiebeln schälen und in dünne Scheiben schneiden.

Den Koriandersamen, die Gewürznelke, Wacholderbeeren, Lorbeerblatt und Thymianzweig unzerkleinert in ein kleines Baumwollsäckchen geben und es zubinden. Auf diese Art können Sie raffiniert würzen und anschließend die Ingredienzen wieder problemlos entfernen.

Etwas Öl in einer Pfanne erhitzen und darin die Zwiebelscheiben andünsten. Gleich zu Beginn das Gewürzbeutelchen hinzufügen.

Mit einem guten Schuß trockenen Rotwein ablöschen und das Ganze mit Salz, Pfeffer und eventuell noch einem Spritzer Zitronensaft abschmecken. Wichtig: Die Zwiebeln dürfen nicht zu weich werden, sondern müssen unbedingt noch Biß haben. Dann warmhalten.

Erneut etwas Öl in der Pfanne erhitzen, die umwickelten Aalfilets von beiden Seiten kurz darin anbraten, bis sie eine goldbraune Farbe annehmen, mit Salz und Pfeffer abschmecken. Auch die Aalsteaks warmhalten.

Die kleingeschnittenen Chilischoten in das Bratfett geben, kurz anrösten und mit dem restlichen Rotwein ablöschen. Etwas einkochen lassen und dann über die Aalsteaks gießen.

Die Aalsteaks auf zwei vorgewärmte Teller legen, die Sauce darübergießen und mit den Zwiebeln servieren. Als Beilage frisches Baguette reichen.

# Gegrillter Aal *auf Linsen*

## Zutaten für 2 Personen:

Für dieses Gericht brauchen Sie etwas Geduld.
Bereiten Sie zunächst die Marinade vor. Dafür Möhren und Selleriestange grob würfeln, Zwiebel und eine Knoblauchzehe schälen, dann fein hacken. Gut vermischen.
Den Rotwein darübergießen und die Thymianzweige hinzufügen.
Den abgezogenen Aal waschen, abtupfen und in 4 cm große Stücke schneiden. In eine Schüssel (oder Auflaufform) geben. Die Marinade darübergießen. Das Ganze mit Frischhaltefolie abdecken. Im Kühlschrank 24 Stunden ruhen lassen.
Die Linsen waschen und über Nacht in Wasser einweichen.
Am nächsten Tag die Aalstücke wie auch die Möhren- und Selleriewürfel aus der Marinade herausheben. Vorsichtig abtupfen.
Butter in einen Topf geben und langsam zerlassen. Die Gemüsestückchen darin etwa 2 Minuten andünsten. Die eingeweichten Linsen gut abtropfen lassen und dazugeben. Die Hühnerbrühe (gekörnte Brühe mit kochendem Wasser aufgießen) hinzufügen und das Ganze mit Salz, frisch gemahlenem schwarzem Pfeffer und einer kleingeschnittenen Knoblauchzehe abschmecken. Bei niedriger Hitze weichkochen (dauert ungefähr 20 Minuten).
Nun den Sherry-Essig einrühren, die Linsen erneut abschmecken und dann warm stellen.
Aalstücke mit Walnußöl bestreichen und bei mittlerer Hitze etwa 3 Minuten von jeder Seite anbraten.
Die Linsen in eine vorgewärmte Schüssel geben, darüber den Aal verteilen.
Mit etwas feingehackter Petersilie (eventuell zusätzlich noch mit einigen Walnußhälften) garnieren und sofort servieren.

*400 g abgezogener Aal*
*2 Möhren*
*1 Selleriestange*
*1 Zwiebel*
*2 Knoblauchzehen*
*150 ml trockener Rotwein*
*100 g orangefarbene Linsen*
*150 ml Hühnerbrühe*
*20 g Butter*
*1/2 EL Sherry-Essig*
*1 EL Walnußöl*
*2 Thymianzweige*
*Salz*
*frisch gemahlener schwarzer Pfeffer*
*2 EL fein gehackte Petersilie zum Garnieren*
*eventuell einige Walnußhälften zum Garnieren*

auster

Sinnlich und laszív liegt die Auster in ihrer Schale – allein ihr genußvoller Verzehr ist schon ein erotisches Vergnügen, ein sinnliches Erlebnis der Spitzenklasse. Schlürfen Sie ihr Fleisch direkt aus der Muschelhälfte, und Sie wissen, warum diese Molluske die Königin der aphrodisierenden Meeresfrüchte genannt wird. Vielleicht erinnern Sie sich dabei ja an eine der zahlreichen Darstellungen der Aphrodite, wie sie, ganz verführerischer Körper, aus den Schalen einer Muschel aufsteigt und den Menschen die rein geschlechtliche, zur Besinnungslosigkeit führende Lust bringt.

Die für ihre Sinneslust bekannten Römer waren von dem faszinierenden Meereslebewesen derart hingerissen, daß sie dessen fabelhafte Eigenschaften in Lyrik und Prosa wortreich priesen. Und sie waren es auch, die damit begannen, die Austernzucht zu kultivieren. Eine Errungenschaft, die nicht hoch genug einzuschätzen ist, denn diese Delikatesse gilt als eines der ältesten und bis heute beliebtesten Aphrodisiaka. Vor seiner Hochzeitsnacht soll Ludwig XIV. Unmengen davon zu sich genommen haben, um seiner Braut den Himmel auf Erden bereiten zu können. Der legendäre Liebhaber Casanova wiederum setzte die Auster auf vielfältige Weise ein, um die Objekte seiner Begierde willig zu machen: als lustvolles „Spielzeug“, als erotisierende Speise – und nicht zuletzt als Mittel, die eigene Manneskraft nicht versiegen zu lassen.

Die stimulierende Wirkung dieser sündigen Muschel beruht allein schon auf ihrem Aussehen – läßt der Anblick einer geöffneten frischen Auster doch leicht den Gedanken an eine weibliche Vulva aufkommen. Sie wären nicht der erste, der sich beim lustvollen Aussaugen der Schale von einer solchen Vorstellung hinreißen ließe.

Doch die appetitanregende Meeresfrucht erfüllt auch noch einige nachweisliche Kriterien, die sie zu einem so wirkungsvollen Aphrodisiakum macht: Sie enthält nur wenig Fett, weist aber einen beträchtlichen Gehalt an Proteinen und Mineralstoffen auf.

Sie können sich dem Genuß dieser Delikatesse also bedenkenlos hingeben. Lassen Sie sich von dem frischen und salzigen Geruch des Ozeans davontragen, in eine Welt der Sinnlichkeit ...

# Austern
# *Natur*

## Zutaten für 2 Personen:

*12 frische Austern*
*grobes Salz*
*2 Zitronen*
*feingehackte Petersilie zum Garnieren*
*frisch gemahlener schwarzer Pfeffer*
*einige Zitronenscheiben zum Garnieren*
*2 Scheiben Schwarzbrot*
*2 Scheibchen Butter*

TIP:
Austern sollten frisch gekauft und verzehrt werden. Möchten Sie die Austern jedoch länger als einen Tag aufbewahren, so kaufen Sie ungeöffnete. In ein feuchtes Tuch eingeschlagen, sind diese bis zu zwei Wochen haltbar.

So öffnen Sie eine Auster:
Die Auster mit der flachen Seite nach oben in einem gefalteten Handtuch festhalten. Mit einem Austernmesser am Scharnier einstechen, dann mit einer schnellen Drehbewegung die Schalen auseinanderdrücken und den Schließmuskel durchtrennen. Die Deckschale abheben, dabei nach Möglichkeit keine Austernflüssigkeit vergießen. Falls notwendig, das Austernfleisch mit dem Messer auslösen. Schalenreste, die daran hängenbleiben, in der Austernflüssigkeit abspülen (nicht in Wasser). Die Austernflüssigkeit durch ein Passiertuch gießen und gegebenenfalls weiterverwenden.

Die gekühlten frischen Austern (am besten mit Hilfe eines Austernmessers) öffnen und in den halben Schalen auf einem Bett aus grobem Salz arrangieren.
Zitronen vierteln und, umstreut mit feingehackter Petersilie, auf extra dafür bereitgestellten Tellerchen servieren. Auch das Salzbett kann mit einigen Zitronenscheiben dekoriert werden.
Dazu Schwarzbrot und Butter reichen.
Austern roh mit etwas Zitronensaft und frisch gemahlenem schwarzem Pfeffer genüßlich schlürfen!

# Austern *nach Nana*

Austern mit einem Austernmesser vorsichtig aufbrechen, die Schalen werden noch verwendet. Austern entbarten, abspülen, trockentupfen und in Zitronensaft marinieren.

Austernschalen gründlich säubern, auf Eis setzen und mit Kaviar füllen. Dann je eine Auster darauflegen. Servieren Sie dazu ein Glas prickelnden Champagner.

## Zutaten für 2 Personen:

*12 frische Austern*
*Saft von zwei Zitronen*
*100 g Kaviar*

# Austern
## *mit Chicorée und Kaviar*

### Zutaten für 2 Personen:

*12 große Austern*
*4 Chicorée*
*2 kleine Schalotten*
*100 ml Weißwein*
*1 TL Essig*
*100 g Butter*
*50 g Kaviar*
*frisch gemahlener Pfeffer*

Den Strunk des Chicorées keilförmig herausschneiden, dann das Gemüse in dünne Streifen schneiden und diese gründlich abwaschen (so wird der bittere Geschmack vermindert). Die Austern öffnen und die Schalen abwaschen. Die Schalotten kleinhacken und mit Weißwein und Essig köcheln lassen, nach einigen Minuten die Butter in kleinen Stückchen hinzufügen. Wenn die Sauce um die Hälfte reduziert ist, durch ein Sieb streichen und wieder in den Topf geben. Mit Pfeffer abschmecken. Nun die Austern hinzugeben und warten, bis diese lauwarm sind (die Austern dürfen nicht kochen!).
Den Chicorée in etwas Butter dünsten. Die Austernschalen im Backofen anwärmen. Dann mit Chicoréestreifen füllen und jeweils eine Auster darauf plazieren. Mit Sauce übergießen und mit ein wenig Kaviar dekorieren.

# Gebackene Austern *auf Champagnerkraut*

Zwiebel schälen und fein hacken. Sauerkraut waschen. Butter zerlassen, die Zwiebelstückchen darin unter ständigem Umrühren andünsten. Sie dürfen nicht braun werden. Sauerkraut und Champagner hinzugeben und etwa 20-25 Minuten dünsten. Mit Salz und frisch gemahlenem schwarzem Pfeffer abschmekken. Eine Prise Zucker beifügen.
Austern mit einem Austernmesser vorsichtig aufbrechen, da die Schalen später noch benötigt werden. Austernwasser in einer Schale auffangen und anschließend durch ein Sieb gießen.
Austern entbarten, abspülen, dann trockentupfen.

Ei, Weizen- und Semmelmehl vermischen, Austern darin wälzen und in zerlassener Butter goldgelb backen.
Austernschalen säubern. Champagnerkraut in die Schalen verteilen, gebackene Auster daraufgeben und im Backofen bei niedriger Temperatur warm stellen.
Austernwasser mit flüssiger Sahne einkochen lassen, einige Butterflokken unterheben und einen Schuß Champagner hinzufügen.
Die gefüllten Schalen aus dem Backofen holen und die Sauce über die Austern gießen.
Auf zwei Teller verteilen. Mit etwas grobem Meersalz umstreuen und sofort servieren.

## Zutaten für 2 Personen:

*12 frische Austern*
*200 g Sauerkraut*
*100 ml Champagner*
*1 Zwiebel*
*1 Ei*
*2 EL Weizenmehl*
*80 g Semmelmehl*
*100 g Butter*
*2 EL flüssige Sahne*
*1 Prise Zucker*
*grobes Meersalz zum Garnieren*

# Austern mit
# *Champagnersauce auf* **Blattspinat**

## Zutaten für 2 Personen:

*12 frische Austern*
*250 g frischer Blattspinat*
*2 Schalotten*
*50 g Butter*
*1/8 l Sahne*
*7 EL Champagner*
*Salz*
*Cayennepfeffer*
*frisch gemahlener schwarzer Pfeffer*
*frisch geriebene Muskatnuß*
*1 EL Zitronensaft*
*1 EL Schnittlauch oder Brunnenkresse zum Garnieren*

Die Austern mit einem Austernmesser öffnen, dann vorsichtig das Fleisch herauslösen. Austernflüssigkeit und -fleisch in eine Schale geben.

Nun den Spinat putzen. 1 Schalotte schälen und würfeln. In etwas Butter glasig dünsten, dann den Spinat dazugeben und durchschwenken.

Die andere Schalotte ebenfalls schälen, würfeln und in Butter glasig dünsten. Dann die Sahne hinzugießen und so lange einkochen lassen, bis die Sauce sämig ist. Champagner dazugießen, kurz aufkochen und mit Salz, frisch gemahlenem schwarzem Pfeffer, Cayennepfeffer, Muskatnuß und Zitronensaft abschmecken.

Austern kurz hinzugeben (nach etwa 20 Sekunden wieder herausholen), dann die durchgesiebte Austernflüssigkeit dazugießen.

Den Blattspinat auf zwei Teller verteilen und mit den Austern belegen. Die Sauce mit einem Pürierstab aufschäumen und darübergießen.

Mit feingeschnittenem Schnittlauch oder Brunnenkresse garnieren.

Dazu Weißbrot oder Baguette reichen.

# Austern-*Ragout*

Die Austern aus den Schalen lösen, entbarten und im eigenen Wasser etwa 1-2 Minuten garen. Abtropfen lassen, das Kochwasser durch ein feines Sieb streichen und zur Seite stellen. Die Zwiebeln kleinhacken und in der Butter anschwitzen. Die Austern hinzufügen.
Das Weißbrot in Wein einweichen und das Austernwasser hinzufügen. Den Zitronensaft mit den Gewürzen vermischen und dann mit dem eingefeuchteten Brot in einen Topf geben. Verrühren, mit Salz abschmecken und ungefähr 5-10 Minuten köcheln lassen. Austern und die angebratenen Zwiebeln hinzufügen und noch einmal 5 Minuten köcheln lassen. Den Topf vom Herd nehmen und die Crème fraîche hinzugeben.
Mit Reis oder Brot servieren.

## Zutaten für 2 Personen:

*18 Austern*
*2 kleine Zwiebeln*
*1 Scheibe Weißbrot*
*25 g Butter*
*100 ml trockener Weißwein*
*Zitronensaft*
*1 Prise Zimt*
*1 Prise Nelkenpulver*
*1 Prise Cayennepfeffer*
*einige Kardamonkörner*
*Salz*
*1 TL Crème fraîche*

# hummer

**Er läßt so** leicht niemanden in sich dringen. Doch hat man sich erst einmal durch seinen harten Panzer an das zarte Fleisch herangearbeitet, erwartet einen zur Belohnung eine wahre Köstlichkeit. Die Mühe lohnt sich!

Bis heute haftet dem Hummer der Hauch des Exquisiten, des ganz Besonderen an, und noch immer gereicht dieser „Kardinal der Tiefe" einer jeden Tafel zur Krönung.

Damit Sie es in vollen Zügen genießen können, sollten Sie sich vor den scharfen Scheren des Hummers in acht nehmen, denn leider verfügt der Mensch nicht über diese phantastische Möglichkeit, die dem in der freien Natur lebenden Hummer zur Verfügung steht: Er kann fast alle bei Kämpfen mit Artgenossen oder sonstigen Störenfrieden verlorenen Körperteile im Laufe der Zeit und mit den nächsten Häutungen wieder nachbilden.

Während die rechte Schere „nur" ein wenig zugreift und zwickt, müssen Sie sich besonders vor der linken Schere hüten, die einen Höcker trägt und auffallend kräftig ausgebildet ist. Sie führt den schönen Namen „Schild- und Knackschere" und dient der Zerkleinerung der Beute.

Hoffentlich gehören Ihre gierigen Finger nicht dazu. Doch ein bißchen Gefahr, ein wenig Gegenwehr, kann ja auch recht anregend wirken, die Begierde in Raserei verwandeln. Und alles, was man so ganz ohne Umstände bekommen kann, ist schließlich reizlos. Romeo hat sich ja auch nicht von ein paar ernsten Schwierigkeiten davon abhalten lassen, Julia zu lieben.

Wenn Sie dem Hummer erfolgreich zuleibe gerückt sind, können Sie sich in aller Ruhe nicht nur dem zarten Fleisch der Scheren und des Korpus widmen, sondern sollten auch das außerordentlich schmackhafte Fleisch des Hummerschwanzes nicht verschmähen. Dafür jedoch müssen *Sie* nun über die notwendigen Greifwerkzeuge verfügen: ein Besteck, bestehend aus Hummerzange und langstieligen Hummergabeln.

Genießen Sie dieses Mahl in angemessenem Ambiente und mit romantischer Musik, vielleicht noch mit einem Glas Champagner dazu, und Ihrem Ansinnen wird nichts mehr im Wege stehen – ein Vergnügen sicherlich, das nicht ganz billig ist – dafür aber von klassischer Qualität und ebenso zuverlässig ...

# Hummer Provençale *auf Wildreis*

So zerlegt man einen Hummer:

1. Den Hummer auf den Rücken legen, die Beine aus dem Panzer drehen.
2. Beide Scheren aus den Gelenken drehen, herausziehen, und, falls nötig, mit einem Messer die Gelenke durchtrennen.
3. Den Hummer vom Schwanz zum Kopfende hin mit einem scharfen Messer aufschneiden und in zwei Hälften teilen.
4. Den Darm mit einer Pinzette aus dem Schwanzfleisch entfernen.
5. Das Hummerfleisch aus dem Panzer lösen.
6. Die Scheren mit einer Hummerzange oder einem kleinen Hammer in der Mitte knacken und den oberen spitzen Teil abziehen.
7. Vor dem Anrichten die unteren Scherengelenke abdrehen, das Fleisch herausnehmen. Das Schwanzfleisch in Scheiben schneiden.

## Zutaten für 2 Personen:

*1 Hummer, lebend*
*6 Champignons*
*4 Tomaten*
*1 Zwiebel*
*1 Lorbeerblatt*
*3 EL Sherry*
*3 EL Olivenöl*
*1 Knoblauchzehe*
*Rosmarin*
*Salz*
*frisch gemahlener schwarzer Pfeffer*
*etwas Petersilie zum Garnieren*

Zunächst den lebenden Hummer für etwa 12-15 Minuten in kochendes Wasser geben. Dann das Fleisch aus der Schale lösen und in Stücke schneiden.

Eine Zwiebel sowie eine Knoblauchzehe schälen und fein würfeln. Champignons waschen und in Scheiben schneiden.

Etwas Olivenöl in einer Pfanne erhitzen, das Hummerfleisch dazugeben, die Zwiebel- und Knoblauchwürfel, die Champignonscheiben wie auch das Lorbeerblatt hinzufügen. Mit etwas Rosmarin, Salz und frisch gemahlenem Pfeffer abschmecken. Etwa 10 Minuten unter vorsichtigem Umrühren köcheln lassen.

Nun die Tomaten häuten (kreuzweise einschneiden, kurz mit kochendem Wasser übergießen), entkernen und zerkleinern.

Wenn das Hummerfleisch schön angebräunt ist, die Tomaten beifügen und den Sherry hinzugießen. Gut umrühren und weitere 10 Minuten köcheln lassen.

Mit etwas kleingehackter frischer Petersilie garnieren und mit Wildreis servieren.

# Hummer *Princess*

## Zutaten für 2 Personen:

*1 Hummer, lebend*
*2 Artischockenherzen*
*1 Schalotte*
*3 EL Olivenöl*
*3 EL Sherry*
*4 EL Crème fraîche*
*1 TL Senf*
*2 Eigelb*
*Salz*
*1 Prise Cayennepfeffer*
*frisch gemahlener schwarzer Pfeffer*
*geriebener Parmesan*

Zunächst den lebenden Hummer für etwa 12-15 Minuten in kochendes Wasser geben.

Dann in zwei Hälften zerteilen und das Fleisch vorsichtig aus den Schalen lösen, so daß diese möglichst nicht zerbrechen. Das Fleisch in kleine Stücke schneiden. Die Hummerschalen werden später noch gebraucht, deshalb auswaschen und aufbewahren.

Eine Schalotte schälen und fein würfeln.

Etwas Olivenöl in einer Pfanne erhitzen und das Hummerfleisch einige Minuten darin anbraten. Mit Salz, frisch gemahlenem schwarzem Pfeffer und Cayennepfeffer abschmecken.

Nun nacheinander die kleingehackte Schalotte, den Sherry, den Senf und 1 EL Crème fraîche hinzufügen und etwa 1 Minute köcheln lassen.

Pfanne von der Herdplatte nehmen und die beiden Eigelb sowie die restliche Crème fraîche unterrühren.

Die Artischockenherzen kleinschneiden und beigeben. Gut umrühren.

Die Mischung gleichmäßig in den beiden Hummerschalen verteilen. (Falls diese das Zerteilen des Hummers nicht unbeschadet überstanden haben, kann man natürlich auch zwei kleine Auflaufformen verwenden.)

Eine gute Portion Parmesankäse darüberstreuen und bei 200° C im Ofen kurz überbacken, bis der Käse geschmolzen ist. Sofort servieren.

# muschel

**Ihr haftet seit** jeher etwas Geheimnisvolles und Rätselhaftes an. Sie ist von großer Schönheit, jedoch nicht von der reinen, unschuldigen Art. Etwas Sündiges, eindeutig Körperliches geht von ihr aus. Unter einer harten Schale aus Kalk beherbergt sie ihr weiches, feuchtes Fleisch, geschützt wie im Schoße einer Frau.

Und tatsächlich: Schon von alters her gelten diese Weichtiere und ihre Schalen als ein Symbol der Vulva. Und seit ebensolanger Zeit stehen die Muscheln in dem Ruf, die Sinneslust zu wecken, das Feuer der Liebe zu entfachen und einer ermüdeten Männlichkeit zu neuer Kraft zu verhelfen. In vielen Sprachen waren oder sind das Wort für Vulva und das für Muschel sogar identisch.

Die Heimat dieser Schalentiere ist das Meer. Und aus dem Meer soll ja auch *sie* gekommen sein, Aphrodite, die „Schaumgeborene", auch die „Genitalliebende" genannt, die zum abendländischen Urbild einer Göttin der Liebe wurde, die nicht für die schöngeistige Verbundenheit zweier Seelen steht, sondern für pure Lust und körperliches Verlangen.

Und das ist es auch, was sie zur Namensgeberin *der* Mittel machte, die die Natur den Menschen schenkte, um deren Sexualität lebendiger und reicher zu gestalten: die Aphrodisiaka.

Um Herkunft und Geburt der Aphrodite ranken sich zahlreiche Mythen. Immer wieder stößt man jedoch auf folgende Version: Aphrodite sei, von einer Muschel getragen, direkt bis an den Strand Zyperns gespült worden. Dort habe sie das Wasser, den Schaum ihrer Geburt, verlassen und das Land betreten. Wo auch immer daraufhin ihre Füße den Boden berührten, seien wundervolle Blumen und Bäume erblüht, denn Aphrodite war voll von fruchtbringender Kraft.

Lassen auch Sie sich von ihr beschenken. Machen Sie sich die Mühe, der eigensinnigen Muschel ihr wohlschmeckendes Fleisch zu entlocken. Es wird Sie mit neuer Lebens- und Liebeskraft erfüllen, denn es ist reich an Kalzium, Jod und Eisen sowie arm an Kalorien.

Spüren Sie das salzige Aroma des Meeres auf Ihrer Zunge, machen Sie Aphrodite zu Ihrer Geliebten ...

# Jakobsmuscheln *nach thailändischer Art*

## Zutaten für 2 Personen:

*16 mittelgroße frische Jakobsmuscheln*
*50 g Butter*
*3 Knoblauchzehen*
*1 Schalotte*
*2 EL Limettensaft*
*1 EL gehackte Ingwerwurzel*
*1 EL gehacktes Koriandergrün*
*Salz*
*frisch gemahlener schwarzer Pfeffer*

Die Muscheln gründlich waschen und abbürsten.
Knoblauchzehen und Schalotte schälen und kleinschneiden. Koriandergrün fein hacken.
Butter zerlassen und zusammen mit den Jakobsmuscheln und allen anderen genannten Zutaten in einer Schüssel vermischen. Mit Salz und frisch gemahlenem schwarzem Pfeffer würzen.
Dann in eine ofenfeste Form geben und bei 180° C etwa 10 Minuten im Backofen garen lassen. Das Muschelfleisch darf jedoch nicht zäh werden.
Mit etwas frischem Weißbrot oder Reis servieren.

# Muschelpfanne *mit Fenchelstreifen*

Die Muscheln einige Zeit in kaltes Wasser legen. Alle, die auf der Oberfläche schwimmen, wegwerfen. Die übrigen gründlich waschen, abbürsten und entbarten.
Schalotten schälen und fein würfeln, den Fenchel waschen und in Streifen schneiden. Ebenso den Schnittlauch waschen und fein hacken.
20 g der Butter in eine Pfanne geben, erhitzen und die Schalottenwürfel und die Fenchelstreifen darin leicht andünsten. Sie dürfen jedoch nicht braun werden.
Nun die Muscheln beifügen und den Weißwein wie auch den Fischfond hinzugießen. Das Ganze zugedeckt zum Kochen bringen und bei niedriger Temperatur 3-4 Minuten ziehen lassen, bis sich die Muscheln öffnen.
Dann sofort aus dem Fond heben, da das Muschelfleisch sonst zäh wird.
Alle Muscheln, die sich nicht geöffnet haben, wegwerfen.
Das Muschelfleisch auslösen, die Kiemenstränge entfernen.
Den Fond durch ein Passiertuch gießen. Köcheln lassen, bis er sich etwa um die Hälfte reduziert hat. Dann langsam die Sahne einrühren. Nun die Pfanne vom Herd nehmen und die restliche Butter stückchenweise einrühren.
Die Sauce erneut erwärmen, das ausgelöste Muschelfleisch zufügen und mit Salz und frisch gemahlenem schwarzem Pfeffer abschmecken.
Mit dem feingehackten Schnittlauch garnieren.
Servieren Sie frisches Baguette oder Weißbrot dazu.

## Zutaten für 2 Personen:

*1 kg frische Miesmuscheln*
*2 Schalotten*
*50 g Fenchelknolle*
*50 g Butter*
*100 ml trockener Weißwein*
*120 ml Fischfond*
*80 ml Sahne*
*Salz*
*frisch gemahlener schwarzer Pfeffer*
*Schnittlauch zum Garnieren*

# Indischer Eintopf *mit Muscheln*

## Zutaten für 2 Personen:

*500 g frische Miesmuscheln*
*300 g Hühnerbrustfilet*
*6 Hummerkrabben*
*100 g Wildreis*
*2 Zwiebeln*
*2 Knoblauchzehen*
*3 EL Öl*
*1/4 l trockener Weißwein*
*2 Scheiben Ananas*
*1 EL Tomatenmark*
*1/8 l süße Sahne*
*3 EL Ananassaft*
*Salz*
*Cayennepfeffer*
*frisch gemahlener schwarzer Pfeffer*

Hühnerbrust waschen und abtupfen, dann würfeln.
Die Hummerkrabben schälen, kalt abspülen und den Darm entfernen.
Muscheln unter fließendem Wasser abbürsten, mehrmals waschen, dann alle geschlossenen Muscheln tropfnaß in einen mit etwas vorgewärmtem Wasser gefüllten Topf geben. Darin zugedeckt etwa 10 Minuten garen, dann abkühlen lassen. Dann das Fleisch aus den Muscheln lösen.
Achtung: Nur die Muscheln verwenden, die sich geöffnet haben!
Die Zwiebeln schälen und fein würfeln. Öl in einem großem Topf oder Wok erhitzen, darin die Zwiebelwürfel glasig dünsten. Den Reis hinzugeben und gut umrühren.
Nun den Weißwein beifügen, mit Salz und Pfeffer würzen und bei niedriger Temperatur etwa 20 Minuten quellen lassen.
Die Ananasscheiben in Stücke schneiden. Die Knoblauchzehen schälen und durchpressen. Beides zusammen mit dem Tomatenmark in einen Topf geben, langsam erhitzen. Die Sahne unterrühren und den Ananassaft hinzugießen. Dann die Sauce mit Cayennepfeffer abschmecken.
Die Hühnerfleischwürfel beifügen und köcheln lassen, bis das Fleisch weiß wird. Regelmäßig umrühren.
Nun auch die Hummerkrabben, das Muschelfleisch und den gekochten Reis untermischen. Weitere 5 Minuten köcheln lassen.
In Schälchen servieren.

# Muschel-*Ragout*

Miesmuscheln gründlich unter fließendem Wasser abbürsten. Alle, die bereits geöffnet sind, wegwerfen.
Einen großen Topf mit Öl ausstreichen und die Muscheln hineingeben. Stark erhitzen, bis sich die Muscheln öffnen.
Muschelwasser durch ein Sieb geben und aufbewahren. Muscheln aus den Schalen lösen und beiseite stellen.
Weißbrot rösten und zerkleinern, dann in dem Muschelwasser einweichen. Weißweinessig und Zitronensaft hinzugeben.
Zwiebeln schälen und fein hacken. In etwas Olivenöl unter ständigem Rühren andünsten, bis die Zwiebelwürfel glasig, aber nicht braun sind. Zwiebelwürfel, Weißwein und Gewürze zu dem eingeweichten Brot geben und gut vermischen. Die Masse in einen Mixer füllen und pürieren. Sollte Ihnen die Sauce zu dickflüssig erscheinen, fügen Sie noch etwas Wasser oder Weißwein hinzu. Die Mischung in einen Topf geben und etwa 10 Minuten köcheln lassen.
Muscheln der Sauce beifügen und bei leichter bis mittlerer Temperatur erhitzen, ohne die Sauce jedoch erneut zum Kochen zu bringen. Regelmäßig umrühren.
Sofort servieren.
Weißbrot-Croûtons oder Blätterteig-Croissants passen gut dazu. Sie können auch Reis als Beilage wählen.

## Zutaten für 2 Personen:

*750 g Miesmuscheln*
*75 g Weißbrot*
*1 EL Weißweinessig*
*Saft einer halben Zitrone*
*2 Zwiebeln*
*2 EL Olivenöl*
*2 Glas Weißwein*
*1/2 TL Zimt*
*1 Prise gemahlener Ingwer*
*1 Prise Muskatnuß*
*1 Prise Safran*
*1 Prise gemahlene Nelken*
*Salz*
*frisch gemahlener schwarzer Pfeffer*

# Venusmuscheln *mit Chilis und Basilikum*

## Zutaten für 2 Personen:

*600 g frische Venusmuscheln*
*75 ml Erdnußöl*
*100 ml Hühnerbrühe*
*3 Knoblauchzehen*
*3 frische rote Chilis*
*2 EL rote Chilipaste*
*2 TL helle Sojasauce*
*Basilikumblätter*

Muscheln sorgfältig waschen und säubern. Auch das Basilikum waschen und die Blätter abzupfen. Knoblauchzehen schälen und fein hacken.
Erdnußöl in einem Topf oder Wok auf etwa 190° C erhitzen. Dann die Muscheln und die Knoblauchstückchen hinzufügen. 2-3 Minuten zusammen garen, bis sich die Muscheln öffnen.

Chilis waschen und in Streifen schneiden. Zusammen mit der Chilipaste und der Sojasauce zu den Muscheln geben, gut vermischen.
Nun die Hühnerbrühe beigießen. Das Ganze zum Kochen bringen und 2 Minuten garen lassen.
Die Basilikumblätter unterrühren und sofort servieren.
Reichen Sie dazu frisches Weißbrot oder Reis.

# Gebratene Jakobsmuscheln *auf Löwenzahnsalat*

## Zutaten für 2 Personen:

*32 Jakobsmuscheln*
*4 kräftige Stöcke gelber Löwenzahn*
*1 rote Paprika*
*2 EL Olivenöl*
*1 EL Balsamico*
*1 TL Akazienhonig*
*1 Prise Zucker*
*Salz*
*frisch gemahlener schwarzer Pfeffer*
*Koriander*

Jakobsmuscheln waschen und putzen (Rogen und Darm entfernen), den Löwenzahn in lauwarmem Wasser waschen und putzen.
Paprika waschen und entkernen, dann in Streifen schneiden.
Für das Dressing Olivenöl, Balsamico und Akazienhonig verrühren. Mit einer Prise Zucker, etwas Salz, Pfeffer und Koriander abschmecken. Paprikastreifen und Löwenzahnblätter darin marinieren. Anschließend auf zwei Tellern anrichten.
Etwas Olivenöl in eine Pfanne geben und die Jakobsmuscheln darin kurz anbraten. Mit Salz und Pfeffer würzen, dann auf dem Löwenzahnsalat verteilen.

muschel

# Süß

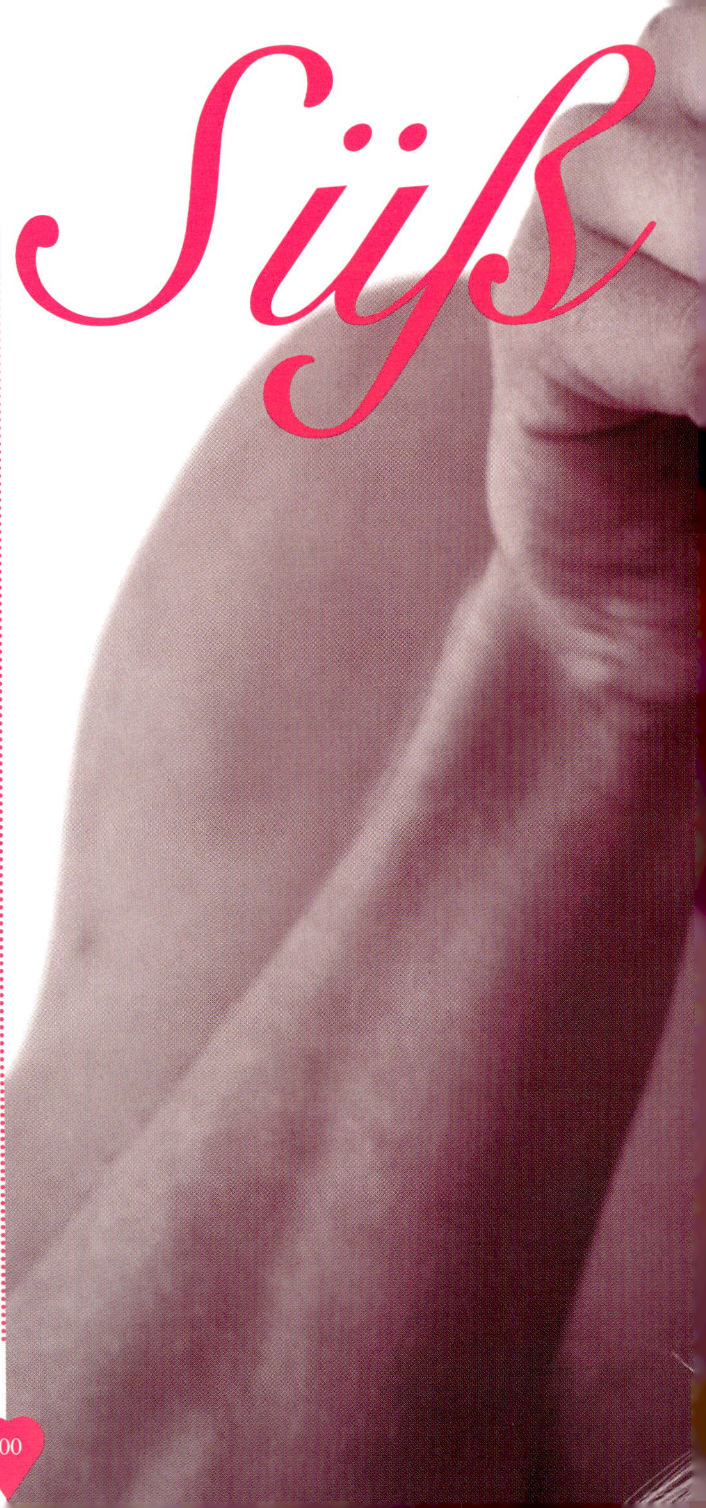

*Er erquickt mich*

*mit Traubenkuchen*

*und labt mich*

*mit Äpfeln;*

*denn ich bin krank*

*vor Liebe.*

(Hohelied Salomos)

und klebrig
Nachspeisen
aus Früchten

# apfel

*Und das Weib sah, daß von dem Baum gut zu essen wäre und daß er eine Lust für die Augen wäre und verlockend, weil er klug machte. Und sie nahm von der Frucht und aß. Da wurden ihnen beiden die Augen aufgetan, und sie wurden gewahr, daß sie nackt waren, und flochten Feigenblätter zusammen und machten sich Schurze. Und sie hörten Gott den HERRN, wie er im Garten ging, als der Tag kühl geworden war. Und Adam versteckte sich mit seinem Weibe vor dem Angesicht Gottes des HERRN unter den Bäumen im Garten.*

(1. Buch Mose 3, 6-8)

Schon in diesem Fall – dem bekannten Sündenfall – ist es ein Apfel, der Gegenstand der Versuchung und Mittel der Verführung ist. Es ist die Frau, die den Mann mit dieser Frucht verführt – und so soll es auch sein.

Seit Jahrhunderten vertrauen Frauen immer wieder auf diese besondere Kraft des Apfels, der mit seiner glatten Haut und seiner vollen, runden Form so sehr an die der weiblichen Brust erinnert.

Stand einer Frau der Sinn danach, einen ahnungslosen Mann in ihren Bann zu ziehen, war es ihr Wunsch, ihn sich ihr willenlos ergeben zu machen, so sollte ihr mit Hilfe eines Apfels geholfen werden. Das Rezept lautete: Das Mädchen trägt einen Apfel unter der Achsel auf der bloßen Haut, bis er ganz vom Schweiß durchzogen ist, und gibt ihn dem ahnungslosen Burschen ihrer Wahl zu essen. Mit dem Schweiß geht dann die Liebe auf den Begehrten über.

Geschützt im Inneren des Apfels befindet sich das Kerngehäuse, Zentrum seiner Fruchtbarkeit, eingebettet im überaus aromatischen Fruchtfleisch, das fest und saftig ist.

Die Römer führten diese so bescheiden wirkende Frucht in das Gebiet nördlich der Alpen ein. Über die mittelalterlichen Klöster gelangte sie in die Bauerngärten. Der Apfel galt zu dieser Zeit als Sinnbild des Sinnenreizes und der Erbsünde.

Auch in der griechischen und nordischen Mythologie wurde der Apfel als Symbol von Liebe und Fruchtbarkeit verehrt.

Scheuen auch Sie sich nicht, die erotischen Kräfte dieser Frucht auf die Probe zu stellen.

# Apfelgrütze *mit Zimtschaum*

**TIP: Zum Braten, Backen und Kochen eignen sich saure Äpfel, also solche mit einem hohen Gerbsäureanteil, besonders gut, da sie ihr Aroma nicht verlieren. Süße Äpfel hingegen werden besonders beim Backen häufig wäßrig.**

Die Äpfel schälen, vierteln und das Gehäuse entfernen. Die Stücke in Scheiben schneiden und in Zitronensaft wenden, damit sie nicht braun werden.
Weißwein und Zucker in einen Topf geben, beides unter ständigem Umrühren 2-3 Minuten köcheln lassen. Nun die Äpfel hinzufügen und das Ganze kurz aufkochen. Dann den Topf von der Flamme nehmen und gut abkühlen lassen.

Die Sahne in einen weiteren Topf füllen und aufkochen, bis sie sich etwa um die Hälfte reduziert hat. Dann auch den Eierlikör dazugießen. Mit etwas Zimt abschmekken und noch einmal kurz aufkochen.
Die erkaltete Apfelgrütze in zwei Schälchen verteilen, dann den Zimtschaum gleichmäßig darübergeben. Zum Schluß mit einem Melisseblatt garnieren.

## Zutaten für 2 Personen:

*300 g Äpfel*
*1/2 Zitrone*
*50 ml trockener Weißwein*
*75 g Zucker*
*200 ml Sahne*
*1 cl Eierlikör*
*2 gehäufte Messerspitzen Zimt*
*Zitronenmelisse zum Garnieren*

# Warme Apfelcharlotte *mit Preiselbeersauce*

## Zutaten für 2 Personen:

*250 g Äpfel*
*250 g Blätterteig*
*75 g Zucker*
*50 g Butter*
*2 EL Sultaninen*
*2 cl Rum*
*abgeriebene Schale von einer Zitrone*
*1 Eigelb*
*3 EL Milch*
*125 g Preiselbeeren*
*100 ml Rotwein*

Zwei kleine Souffléförmchen einfetten, mit Blätterteig auslegen und in den Kühlschrank stellen.
Die Äpfel schälen, das Gehäuse entfernen, in kleine Stückchen schneiden und in einen Topf geben. Zusammen mit 50 g Zucker in Butter anschwitzen.
Die Sultaninen hinzufügen und das Ganze mit Rum und der geriebenen Zitronenschale abschmecken.
Apfelmasse in die vorbereiteten Förmchen füllen und diese mit Blätterteig verschließen.
Eigelb und Milch verquirlen und den Teig damit bestreichen. Etwa 30 Minuten bei mittlerer Hitze im Ofen backen.
In dieser Zeit die Sauce zubereiten: Den Rotwein mit den restlichen 25g Zucker in einen Topf geben und die Preiselbeeren darin langsam zum Kochen bringen.
Die beiden Backformen aus dem Ofen holen und auf jeweils einen Teller stürzen.
Mit der Preiselbeersauce übergießen und sofort servieren.

# Pochierte Äpfel *mit Nelken, Minze und Basilikum*

## Zutaten für 2 Personen:

*2 säuerliche Äpfel*
*1 EL Zitronensaft*
*60 g Zucker*
*2 ganze Nelken*
*2 Minzezweige*
*Basilikumblätter*
*Joghurt natur oder Schlagsahne*

Zunächst die Äpfel schälen, vierteln und das Kerngehäuse herausschneiden.

Zitronensaft, Zucker, Nelken, Minze und etwa 300 ml Wasser in einen Topf geben und langsam erhitzen, bis sich der Zucker aufgelöst hat. Dann zum Kochen bringen.

Nun auch die Apfelstücke hinzufügen und diese etwa 10 Minuten bei niedriger Temperatur köcheln lassen. Wichtig: Die Apfelstücke sollen zwar weich sein, dürfen aber nicht zerfallen.

Den Topf vom Herd nehmen, einige Basilikumblätter hinzugeben, umrühren und erkalten lassen.

Die Apfelstücke in zwei Schälchen verteilen.

Die Kochflüssigkeit durch ein Sieb gießen und darübergeben.

Mit jeweils einem Basilikumblatt garnieren und mit Joghurt natur oder Schlagsahne servieren.

# Bratapfel *mit Vanillesauce*

Zunächst die Sauce zubereiten: Dafür Milch, Sahne und die Hälfte des Zuckers in einen Topf geben und gut verrühren.
Die Vanilleschote aufschneiden, das Mark herausschaben und zu den anderen Zutaten hinzugeben. Langsam und unter ständigem Rühren zum Kochen bringen.
Ein Eigelb und ein ganzes Ei mit dem restlichen Zucker schaumig schlagen, langsam die heiße Mischung dazugießen und im heißen Wasserbad so lange aufschlagen, bis die Sauce anfängt, dickflüssig zu werden.
Den Ofen auf 180° C vorheizen, während Sie die Äpfel vorbereiten.

Zunächst waschen und mit einem Apfelausstecher das Kerngehäuse entfernen.
Marzipan, Haselnüsse, Rum und die Hälfte der gehackten Pistazien in einer Schüssel vermischen.
Nun die Äpfel in eine feuerfeste Form setzen, mit der Marzipanmasse füllen und mit einem kleinen Stück Butter belegen. Im Ofen etwa 20-25 Minuten backen. Zwischendurch immer wieder mit Wein begießen.
Äpfel auf zwei Teller verteilen und die Vanillesauce darübergießen. Zum Schluß mit den restlichen Pistazien bestreuen.
Warm servieren.

## Zutaten für 2 Personen:

*2 Äpfel*
*1/8 l halbtrockener Weißwein*
*1 EL Marzipan*
*1 TL gehackte Haselnüsse*
*1 EL gehackte Pistazien*
*10 g Butter*
*1 EL Rum*
*5 EL Milch*
*5 EL Sahne*
*10 g Zucker*
*1/2 Vanilleschote*
*1 Ei*
*1 Eigelb*

# erdbeere

**Wer freut** sich nicht, wenn es endlich wieder soweit ist: Erdbeerzeit. Diese Pflanze, die zu der Gattung der Rosengewächse gehört, kommt zu uns, wenn die Natur auch den letzten Rest ungastlicher Kälte verbannt hat, wohltuende Wärme unsere Haut durchtränkt und uns ins Schwitzen geraten läßt, und jedesmal sind die verführerischen leuchtend roten Beeren heißbegehrt, schmerzlich vermißt.

Wenn man in eine dieser raffinierten, vollen Füchte beißt, ihren köstlichen Saft auf der Zunge spürt, so besteht kein Zweifel – dieser unverkennbare Geschmack zaubert neue Lebendigkeit und pure Lebensfreude auf unseren Gaumen.

Wenn Sie bereit sind, sich davon anstecken zu lassen, dann steht einer fröhlichen Huldigung der Sinnesfreuden nichts mehr im Wege. Die leuchtend roten Beeren mit der weichen, leicht behaarten Haut lassen in dieser Hinsicht an phantasievollen Möglichkeiten nichts zu wünschen übrig.

Natürlich kann man eine Erdbeere ganz schlicht essen – mit etwas Zucker und Schlagsahne vielleicht. Wenn dies jedoch alles ist, was Ihnen zu dieser kleinen Köstlichkeit einfällt, dann ist das doch wirklich *zu* traurig.

Genießen Sie doch einmal ein Bad ganz besonderer Art: Krönen Sie Ihr Badewasser mit einer großzügigen Menge der betörenden Früchte. Streicheln Sie sich mit diesen genüßlich über die Haut – oder die Ihres Partners, verspeisen vielleicht auch die eine oder andere Beere als kleine Stärkung zwischendurch. Beginnen Sie dann die Beeren – eine nach der anderen – zu zerdrücken, bis sie ihren wohltuenden Saft in das Badewasser freigeben und dieses beginnt eine zartrosa Färbung anzunehmen ...

Wie Sie sehen, gibt es viele Möglichkeiten, eine Erdbeere lustbringend einzusetzen, sie lädt zu weitaus mehr ein als nur zum Essen.

Deshalb: Feiern und preisen Sie diese Frucht, die die Farbe der Liebe und des Blutes trägt, machen Sie sie zu Ihrer Lehrmeisterin in Sachen Sinneslust und Liebesspiel, sie wird Sie nicht enttäuschen.

Und so ganz nebenbei schmeckt Sie auch noch ganz ausgezeichnet ...

# Baiser
# *mit Erdbeeren*

## Zutaten für 2 Personen:

*200 g Erdbeeren*
*2 Eiweiß*
*100 g Zucker*
*100 ml Sahne*
*30 g Butter*

Den Ofen auf 150° C vorheizen. Butter zerlassen und das Backblech damit bepinseln. Ein Stück Backpapier zurechtschneiden und, zum Beispiel mit Hilfe eines Glases, vier Kreise im Durchmesser von jeweils 8 cm darauf zeichnen. Mit der beschrifteten Seite nach unten auf das Blech legen.

Die beiden Eiweiß in eine Schüssel geben und mit einem Handrührgerät steif schlagen. Den Zucker nach und nach, unter ständigem Weiterschlagen, hinzufügen. Der Eischnee muß schnittfest und glänzend sein, der Zucker sollte sich vollständig aufgelöst haben.

Baisermasse nun kreisförmig auf die markierten Kreise auf dem Papier verteilen. 40 Minuten backen, dann den Ofen ausschalten, die Tür einen Spaltbreit öffnen und das Baiser abkühlen lassen (noch nicht herausnehmen).

Erdbeeren waschen und entstielen. Die eine Hälfte pürieren, einige besonders schöne Früchte halbieren und beiseite legen, die übrigen in Scheiben schneiden. Sahne schlagen und die Erdbeerscheiben unterheben.

Eine dicke Schicht Erdbeersahne auf einen Baiserboden streichen und mit einem weiteren Baiserboden abdecken.

Auf einen Teller geben, die Erdbeersauce dazugießen und das Ganze großzügig mit den Fruchthälften garnieren.

# Erdbeeren *mit Ingwer*

## Zutaten für 2 Personen:

*500 g Erdbeeren*
*1 Stück Ingwerwurzel (2 cm)*
*brauner Zucker*
*100 ml Sahne*

**TIP: Orientieren Sie sich, wenn Sie Erdbeeren kaufen, nicht an der Größe. Vielmehr gilt: Die Früchte, die am intensivsten duften, schmecken auch am besten.**

Die Erdbeeren waschen, entstielen und halbieren. Den Ingwer schälen und reiben.

Die Erdbeeren zuckern und den geriebenen Ingwer darunterheben. Mit der geschlagenen Sahne servieren.

# feige

**Für den Liebhaber** ganz besonderer Genüsse ist sie die sinnliche Frucht par excellence: die Feige. Ein Biß in ihr frisches Fleisch, und schon entfaltet sich eine sämigweiche Pracht in Ihrem Mund. Vergessen Sie deshalb getrost die getrocknete Variante dieser Köstlichkeit, wenn Sie sich und andere zum Naschen verführen wollen, auch wenn die Trockenfeige in unseren Breitengraden viel verbreiteter ist.

Denn öffnet man ein frische Feige, offenbart sich eine üppige, in allen Rottönen changierende Melange, durchzogen von unendlich vielen zarten weißen Fäden mit einem kleinen gelben Kopf, bei deren Anblick sich so mancher Betrachter wohl heimlich und unwillkürlich an Spermien erinnert fühlt. Diese kleine Delikatesse, deren samtigweiche glatte Haut so schmeichelnd in der Hand liegt, erscheint in ihrem Inneren wie die pure fleischgewordene Versuchung selbst. Wen verwundert es da, daß ihr Name nicht nur von Schriftstellern wie Henry Miller als poetisches Synonym für das weibliche Geschlechtsteil verwendet wird?

Natürlich ist auch den Genießern vergangener Zeiten eine solch sündig anmutende Köstlichkeit nicht verborgen geblieben: Schon Scheherezade weiß in ihren Märchen aus Tausendundeiner Nacht von der verführerischen Kraft dieser Frucht. Zudem wurde die Feige jahrhundertelang in vielen Mittelmeerländern als Symbol der Fruchtbarkeit und des Wohlbefindens verehrt – und diente nicht gerade das Feigenblatt schon in der Bibel zur Verhüllung vielversprechender lustvoller Zonen?

# Gratinierte Feigen *auf Marzipan*

## Zutaten für 2 Personen:

*4 frische Feigen*
*50 g Marzipan*
*150 ml Schlagsahne*
*1 TL Puderzucker*
*Minzeblättchen*
*Zucker*
*Butter*

Das Marzipan mit 50 ml Sahne zu einer cremigen Masse verrühren. Die übrige Sahne mit dem Puderzucker cremig schlagen.

Die Minzeblättchen hacken. Die Feigen vorsichtig halbieren und mit gehackter Minze und Zucker bestreuen. 2 Minuten in etwas Butter backen.

Die Marzipanmasse auf zwei Tellern verstreichen. Die Feigen daraufsetzen und um sie herum die Sahne geben. Kurz unter dem Grill des Backofens gratinieren.

# Marinierte Feigen *mit Vanillesahne*

Die Feigen enthäuten und halbieren. Johannisbeersaft, Portwein und Zucker zum Kochen bringen, die Früchte hineingeben und einige Minuten dünsten. Dann die Feigen herausnehmen und die Sauce um die Hälfte einkochen lassen.

Die Sahne schlagen, dann den Honig und die Vanille untermischen.

Die Feigen auf zwei Teller geben, die Sauce darübergießen und zusammen mit der Vanillesahne servieren.

## Zutaten für 2 Personen:

*2 frische Feigen*
*1/8 l schwarzer Johannisbeersaft*
*2 EL Portwein*
*1 EL Zucker*
*100 ml Schlagsahne*
*1/2 TL Honig*
*2 Messerspitzen gemahlene Vanille*

# Feigen-Sanddorn *Creme*

## Zutaten für 2 Personen:

*1 Dose Feigen (Einwaage 225 g)*
*1/2 Zitrone*
*1 EL ungesüßter Sanddornsirup*
*100 ml Schlagsahne*
*2 frische Feigen*
*1 Stiel Pfefferminze*

Die Feigen aus der Dose in einem Sieb abtropfen lassen, dann zusammen mit dem Saft der halben Zitrone und dem Sanddornsirup pürieren. Sahne schlagen und unter die Masse ziehen. Die Creme auf zwei Schälchen verteilen und zugedeckt etwa 1 Stunde im Tiefkühlfach verwahren.

Die frischen Feigen waschen und kreuzweise aufschneiden. Die Viertel dekorativ auf der Creme anrichten und mit einem Blatt Pfefferminze verzieren.

# Frische Feigen *mit Sahne*

Die Feigen abziehen und in Scheiben schneiden, die Scheiben auf zwei Teller verteilen. Den Portwein mit ein paar Tropfen Blue Curaçao und Weinbrand verrühren und über die Feigenscheiben geben. Zusammen mit der geschlagenen Sahne servieren.

## Zutaten für 2 Personen:

*4-6 frische Feigen*
*5 cl Portwein*
*einige Tropfen Blue Curaçao und Weinbrand*
*100 ml Schlagsahne*

# Gedünstete Feigen *mit Espresso*

## Zutaten für 2 Personen:

*4 frische Feigen*
*50 g frische Himbeeren*
*60 ml Wasser*
*30 ml gebrühter Espresso*
*30 ml Cabernet Sauvignon*
*2 Streifen Zitronenschale*
*1 TL Zucker*
*2 ganze Gewürznelken*

Die Feigen der Länge nach halbieren und beiseite stellen. In einem Topf die übrigen Zutaten mischen. Bei mittlerer Hitze etwa 8 Minuten aufkochen (bis sich der Zucker aufgelöst hat). Gelegentlich umrühren.

Nun die Feigen in einen Topf geben und in etwas Wasser oder mit einem Schuß Wein 3 Minuten dünsten.
Die Feigen in 2 Schälchen verteilen und die warme Sauce darübergießen. Sofort servieren.

# Feigen *mit Thymian*

Feigen mit so viel Rotwein in einen Topf geben, daß sie bedeckt sind.
Honig und frische Thymianzweige hinzufügen. Es ist sinnvoll, die Zweige in ein Leinensäckchen zu stecken, damit sie später problemlos aus dem Sirup entfernt werden können.
Feigen zugedeckt bei schwacher Hitze etwa 1 Stunde weichgaren. Ab und zu wenden. Mit einem Löffel die Früchte aus dem Topf nehmen und in zwei Schälchen verteilen. Den Thymian entfernen.
Bei mittlerer Temperatur den Wein einkochen lassen, bis er eine sirupartige Konsistenz erhält.
Feigen mit dem Sirup übergießen.
Der Dessert kann warm oder auch kalt serviert werden (einige Stunden in den Kühlschrank stellen).

## Zutaten für 2 Personen:

*250 g getrocknete Feigen*
*25 cl Rotwein*
*1 1/2 EL Honig*
*3 Zweige frischer Thymian*

feige

ich

*Ich aß meine Wabe*

*und meinen Honig,*

*trank meinen Wein*

*und meine Milch.*

*Esset, ihr Freunde, und*

*trinkt und berauscht*

*euch in Liebeslust.*

(Hohelied Salomos)

Besser als die
Zigarette
danach

# honig

**Mit seiner** anhänglichen Süße läßt er niemanden so schnell wieder los. Wenn Sie Ihren Finger tief in ein Glas mit Honig tauchen, wird er zähflüssig an ihm herunterrinnen, und dann, unendlich langsam, davon herabtropfen, direkt in Ihren Mund oder auf einen anderen dafür vorgesehenen Ort, allerdings nicht, ohne überall dort, wo er Ihre Haut berührt, eine wunderbar klebrige Spur zu hinterlassen.

Kein Wunder also, daß der Honig schon sehr früh mit Sinnlichkeit und Erotik in Verbindung gebracht wurde. Bereits im 4. Jh. v. Chr. soll der griechische Arzt Hippokrates den klebrigen Nektar als Mittel zur Steigerung der sexuellen Kraft verschrieben haben. Auch in so erlauchten Büchern wie Vatsyayanas *Kama Sutra* (vermutlich 4./6. Jh.), in der orientalischen Liebeslehre des Scheik Nefzaui mit dem Namen *Der duftende Garten* (15. Jh.) und sogar in der Bibel fand der Honig eindeutige Erwähnung.

Doch nicht nur als wirkungsvolles Aphrodisiakum wurde diese delikate Süßigkeit gepriesen, man schrieb ihr darüber hinaus auch als Medizin sagenhafte Eigenschaften zu.

So empfahl Galen (ca. 131 bis 200 n. Chr.), neben Hippokrates der bedeutendste Arzt der Antike, die klebrige Köstlichkeit als verjüngend und lebensverlängernd wirkendes und die Liebeslust weckendes Mittel.

Und tatsächlich ist der Honig Ausgangsbasis für ein weiteres hochgradig erotisierendes Wundermittel: den Met, ein durch Hefegärung aus Honig, Wasser und Gewürzen erzeugtes weinähnliches Getränk. Er galt als etwas ganz Besonderes: Man genoß ihn nicht für das persönliche Vergnügen, den flüchtigen Rausch, denn dieses Getränk galt als heilig und durfte nur bei religiösen oder rituellen Anlässen getrunken werden, um den Göttern zu huldigen. Seine Zubereitung war vielmehr ausschließlich Menschen vorbehalten, die man in besonderer Hochachtung vor den Göttern glaubte: Priestern, Schamanen oder Medizinmännern.

Der Met wirkt stark aphrodisierend. Schließlich trägt er die gehaltvollen Inhaltsstoffe des Honigs in sich, versorgt den Körper mit einer Form des Zuckers, die sich sehr leicht in Energie umwandelt und enthält zudem Alkohol.

Lassen Sie sich von dieser geheimnisvollen goldenen Substanz inspirieren: Denn sie ruft Gedanken hervor an Süßes von ganz anderer Art und weckt dabei Lust auf mehr ...

# Angemachter Ziegenfrischkäse *mit Honig-Pfeffer-Dressing*

Schnittlauch waschen und kleinschneiden.
Den Ziegenkäse mit der Sahne zu einer cremigen Masse verrühren. Mit Salz, schwarzem Pfeffer, Muskat und Cayennepfeffer abschmekken und dann den Schnittlauch hinzufügen.
Honig, Balsamico, Zitronensaft und Öl gut verquirlen und mit dem grob geschroteten roten Pfeffer abschmecken.
Trauben waschen, halbieren und die Kerne entfernen.
Die Früchte mit der Marinade vermischen.
Den angemachten Ziegenkäse auf zwei Teller geben und mit den marinierten Trauben umkränzen.
Mit Walnußhälften garnieren.

## Zutaten für 2 Personen:

*1 EL Waldtannenhonig*
*150 g Ziegenfrischkäse*
*3 EL Sahne*
*1 TL Balsamico*
*1 TL Zitronensaft*
*1 TL Öl*
*100 g blaue Trauben*
*Salz*
*frisch gemahlener schwarzer Pfeffer*
*grob geschroteter roter Pfeffer*
*Cayennepfeffer*
*frisch geriebene Muskatnuß*
*1/2 Bund Schnittlauch*
*Walnüsse zum Garnieren*

# Kräuter-Honig-Schmelz *in Altbierschaum*

## Zutaten für 2 Personen:

*2 EL Waldhonig (dunkel)*
*6 Eigelb*
*30 ml trockener Weißwein*
*1 TL Vanillezucker*
*200 ml süße Sahne*
*1 1/2 EL saure Sahne*
*frische Kräuter (Thymian, Rosmarin, Pfefferminze, Zitronenmelisse)*
*60 ml Altbier*
*2 cl Waldbeerenlikör*
*25 g Zucker*
*1/2 Vanilleschote*
*Waldbeeren zum Garnieren*
*eventuell Zimt zum Garnieren*

Eine Kastenform mit Frischhaltefolie ausschlagen und zum Vorkühlen in den Kühlschrank stellen.
Die Hälfte der Eigelb mit Weißwein und Vanillezucker in einer Schüssel im heißen Wasserbad mit dem Schneebesen schaumig schlagen. Anschließend im Eisbad kalt schlagen.
Den Waldhonig gleichmäßig in die Masse einrühren. Sahne schlagen und unterheben. Dann die saure Sahne glattrühren und ebenfalls unterheben. Schließlich noch einmal mit dem Schneebesen kurz durch die Masse gehen, damit sich keine Klumpen bilden.
Die Kräuter waschen, grob hacken und unter den Schmelz ziehen. Diesen dann in die vorgekühlte Kastenform gießen und im Tiefkühlfach etwa 6 Stunden gefrieren lassen.
Rechtzeitig vor dem Servieren wieder herausnehmen und bei Zimmertemperatur leicht anschmelzen lassen.
Altbier, Waldbeerenlikör, Zucker, die restlichen Eigelb und die halbe Vanilleschote – wie schon vorher den Honigschmelz – in einer Schüssel warm und kalt schlagen.
Jeweils eine Scheibe des Halbgefrorenen auf die Teller geben, mit dem Bierschaum umgießen, mit Waldbeeren und einigen Kräuterblättchen garnieren. Eventuell noch etwas Zimt darüberstreuen.

# Honig-*Grog*

## Zutaten pro Drink:

*1 EL Blütenhonig*
*4 EL Rum*
*2 EL Zitronensaft*
*ein Stück Schale einer unbehandelten Zitrone*

Nicht nur etwas für kalte Tage: Den Blütenhonig in ein Glas geben und unter Umrühren mit heißem Wasser auffüllen. Der Honig muß sich auflösen. Dann Rum und Zitronensaft hinzufügen.
Mit einem Stück Zitronenschale am Glasrand heiß servieren.

# Batida *Originale*

## Zutaten pro Drink:

*20 g flüssiger Honig*
*3 cl frisch gepreßter Limettensaft*
*6 cl Cachaça*
*1 Scheibe unbehandelte Limette*
*Eiswürfel*

Feurige Leidenschaft: Limettensaft, Honig und Cachaça in ein Glas füllen und verrühren, bis sich der Honig aufgelöst hat. Dann Eiswürfel hinzufügen und noch einmal umrühren. Eine Scheibe Limette in den Drink geben und servieren.

# Honigfrüchte *auf Joghurtcreme*

Joghurt und Sahnequark gut miteinander vermischen. Geriebene Orangenschale, die Hälfte des Orangensafts und die Hälfte des Honigs unterrühren. Auf zwei Schälchen verteilen und kalt stellen.
Paranüsse grob hacken. Butter in einer Pfanne zerlassen, Pistazienkerne, Paranüsse und Rosinen hinzufügen und unter Rühren etwa 3 Minuten rösten.
Birne schälen, das Kerngehäuse entfernen. Fruchtfleisch würfeln und ebenfalls in die Pfanne geben. Weitere 3 Minuten rösten, bis die Birnenstücke leicht gegart sind.

Die Aprikosen waschen, in Scheiben schneiden und zusammen mit dem restlichen Orangensaft vorsichtig unterrühren.
Das Ganze langsam zum Kochen bringen. Dann unter ständigem Rühren etwa 2 Minuten kochen lassen, um so den Orangensaft zu reduzieren.
Trauben waschen, halbieren und zusammen mit dem restlichen Honig beifügen.
Wenn die Trauben warm sind, die Frucht-Nuß-Mischung auf den gekühlten Joghurt geben und sofort servieren.

## Zutaten für 2 Personen:

*2-3 EL klarer Honig*
*200 ml Joghurt*
*175 ml Sahnequark*
*geriebene Schale und Saft einer Orange*
*ein kleines Stück Butter*
*30 g Paranüsse*
*30 g geschälte Pistazienkerne*
*2 EL Rosinen*
*1 feste Birne*
*50 g getrocknete Aprikosen*
*30 g kernlose Trauben*

# kaffee

**Weht sein** unverkennbarer, vollkommener Duft durch einen Raum, so ist man auf der Stelle hellwach. Für viele seiner ergebenen Liebhaber und Verehrerinnen hat der neue Tag erst richtig angefangen, nachdem sie morgens die erste Tasse Kaffee getrunken haben.

Jeder Schluck lädt unseren Körper mit einem Schuß Energie auf, der durch unsere Adern jagt, unseren Puls ein wenig schneller schlagen läßt und uns manchmal geradezu süchtig nach mehr machen kann.

Es ist alles andere als ein Zufall, daß diesem belebenden Getränk weltweit eine so große Anzahl von Männern und Frauen verfallen ist – und das nicht erst seit neuester Zeit. Schon die Sufis, Anhänger einer mystischen Frömmigkeit im Islam, deren Bestreben es war, die Kluft zwischen Gott und den Menschen zu überwinden, tranken es wegen seiner belebenden Wirkung zur Meditation. Und lange Zeit wurde der Kaffee sogar als ein heiliges Getränk verehrt.

Sein Genuß zeigt aber auch Nebenwirkungen von ganz besonderer Art: Der stimulierende Charakter fördert die Sinnlichkeit, weckt Gelüste und Leidenschaften.

Verantwortlich für all diese Begleiterscheinungen ist das Koffein, das anregend auf das zentrale Nervensystem und besonders auf die Großhirnrinde wirkt. Vielleicht beherrscht Kaffee gerade deshalb unser Leben, fühlen wir uns oft so abhängig von diesem Energielieferanten. Aber weshalb auch nicht, schließlich ist eine Tasse Kaffee immer auch eine Einladung, Gelegenheit einen kurzen Moment zu verweilen und einen Schluck dampfende Lebenslust zu genießen. Kombinieren Sie doch einmal zwei klassische Lustmacher – lassen Sie mit Hilfe eines köstlichen Schlucks Kaffees zum Nachtisch ein Stück Schokolade auf Ihrer Zunge zergehen.

# Tiramisu

## Zutaten für 2 Personen:

*6 EL frisch gekochter Espresso*
*2 Eier*
*2 EL Zucker*
*40 g Puderzucker*
*100 g Mascarpone*
*1 EL Marsala*
*2 1/2 EL Rum*
*125 ml Schlagsahne*
*8 Löffelbiskuits*
*Kakaopulver zum Bestäuben*

Die Eier trennen. Eigelb mit dem Puderzucker schaumig schlagen. Nach und nach Mascarpone, Marsala und Rum unterrühren.
Eiweiß steif schlagen und dabei langsam den Zucker hinzugeben. So lange weiterschlagen, bis die Masse schnittfest und glänzend ist.
Sahne schlagen und vorsichtig unter die Mascarponemasse heben. Ebenso den Eischnee.
Espresso und Rum vermischen.

Eine Form mit der Hälfte der Löffelbiskuits auslegen, mit der Hälfte der Espresso-Rum-Mischung beträufeln, dann mit der Hälfte der Creme bestreichen.
Die restlichen Biskuits darauflegen, erneut mit Espresso und Rum beträufeln. Mit einer weiteren Cremeschicht bedecken, glattstreichen und mindestens 4 Stunden kalt stellen.
Vor dem Servieren dick mit Kakaopulver bestäuben.

# Mandel-*Kaffee*

Süß und verführerisch: Einen Teelöffel braunen Zucker in eine große Tasse füllen und mit heißem Kaffee übergießen. Den Amaretto hinzufügen und umrühren.
Sahne schlagen und auf den Kaffee geben.
Mit angerösteten Mandelblättchen bestreuen.

## Zutaten pro Drink:

*1/4 l Kaffee*
*1 TL brauner Zucker*
*2 cl Amaretto*
*50 ml Schlagsahne*
*angeröstete Mandelblättchen*

# Kaffee-*Weinbrand*

Feurig und vollmundig: Sahne nur leicht schlagen, bis sie gerade dickflüssig ist, und dann kurz in den Kühlschrank stellen.
Würfelzucker in eine Tasse geben, den erwärmten Weinbrand dazugießen und vorsichtig anzünden.
Umrühren und dann mit heißem Kaffee löschen.
Die kalte Sahne über einen Löffel darauflaufen lassen.
Mit Kakaopulver oder Schokoladenspänen bestreuen.
Sofort servieren!

## Zutaten pro Drink:

*1/4 l Kaffee*
*4 Stücke Würfelzucker*
*4 EL erwärmter Weinbrand*
*50 ml Schlagsahne*
*Kakaopulver oder Schokoladenspäne*

# schokolade

**Wer läßt sich** nicht gerne von ihr verführen? Ein Stückchen Schokolade als aufmunternder Happen zwischendurch. Besonders an den kühleren Tagen ist sie außerdem beliebt als dampfendes, Wohligkeit verbreitendes Getränk. Egal, in welcher Konsistenz – immer ist sie köstlich süß und immer zeigt sie diese angenehme Wirkung ...

Schon die Azteken und die Maya kannten die geheime Kraft der Schokolade. Das Kakaopulver galt, gemischt mit Gewürzen und aufgegossen mit heißem Wasser, als ein Geschenk der Götter, weil es eine so wunderbar aufputschende Wirkung besaß – in vielerlei Hinsicht. Entsprechend huldigten sie der Saat dieser Frucht mit besonderen Ritualen: Vier Tage lang mußten sich die Pflüger und Pflanzer von ihren Frauen fernhalten, um sich dann in der Nacht vor dem Aussäen der Leidenschaft um so intensiver hingeben zu können – mancherorts vereinigten sich die Geschlechter sogar erst in genau dem Moment, wenn die ersten Samenkörner in die Erde gelegt wurden. Die Ernte der Kakaobohnen feierte man ebenfalls mit zahlreichen zeremoniellen Handlungen.

Daß die beliebte Süßigkeit ihren beeindruckenden Siegeszug bald auch in Europa antreten konnte, verdanken wir dem spanischen Eroberer Hernán Cortés, der an Moctezumas Hof die flüssige Schokolade kennengelernt und dann die ersten Kakaosamen auf unseren Kontinent gebracht hatte.

Bald erfreute sich die Köstlichkeit auch bei den Europäern einer treuen Anhängerschaft. Ein paar Beispiele: Der französische Schriftsteller und Philosoph Voltaire soll täglich immerhin ein Dutzend Tassen Schokolade getrunken haben. Kardinal Richelieu hielt sie gar für ein Heilmittel gegen alle möglichen Krankheiten. Der sagenumwobene Liebhaber Casanova stärkte sich und seine Manneskraft mit ihr, Goethe liebte sie, und Napoleon griff zu dem wohlschmeckenden Getränk, um sich besser konzentrieren zu können.

Heute können wir die euphorisierende Wirkung der „Venusspeise“, wie ein Wiener Arzt im 18. Jahrhundert die braune Süßigkeit taufte, wissenschaftlich begründen. In den Kakaobohnen sind als zentrale anregende Wirkstoffe Theobromin und Glückshormone enthalten.

Tun Sie es Ihren berühmten Vorgängern gleich: Genießen Sie die vorzüglichen Eigenschaften der Schokolade und lassen Sie langsam ein Stück auf Ihrer Zunge zergehen ...

# Schokoladen-*Mousse*

## Zutaten für 2 Personen:

*150 g Vollmilch-schokolade*
*2 Eier*
*30 g Zucker*
*125 ml Schlagsahne*
*1 TL brauner Rum*
*Schokoladenspäne zum Garnieren*

Die Schokolade im Wasserbad auflösen und glattrühren.
Dann, am besten mit einem Handrührgerät, die Eier mit dem Zucker schlagen, bis sie eine dickflüssige Masse ergeben.
Die Sahne schlagen. Achten Sie jedoch darauf, daß sie nicht zu steif wird.

Die Eier-Zucker-Mischung in eine Schüssel geben. Mit einem Löffel (am besten aus Metall) zügig zuerst Schokolade und Rum, danach die Sahne unterziehen.
Die Mousse in zwei Glasschälchen füllen. Vor dem Servieren mindestens 2 Stunden kalt stellen.
Mit Schokoladenspänen bestreuen.

# Schokoladen-*Soufflé*

## Zutaten für 2 Personen:

*50 g Zartbitterschokolade*
*2 Eier*
*2 TL Zucker*
*1 flacher TL Mehl*
*Puderzucker*

Die Eier trennen und das Eiweiß zu steifem Schnee schlagen.
Die Schokolade fein reiben und zusammen mit dem Eigelb, Mehl und Zucker gut verrühren. Dann das Eiweiß unter die Mischung heben, bis diese glatt und locker ist.

Eine kleine ofenfeste Form mit Butter einfetten, die Masse einfüllen und glattstreichen. Im vorgeheizten Backofen bei 180°C 15 bis 20 Minuten backen.
Mit Puderzucker bestreuen und sofort servieren.

# Schokoladen-*Shake*

## Zutaten pro Drink:

*250 ml Milch*
*1 EL Schokoladensauce*
*2 Kugeln Schokoladeneis*
*Schokoladenraspel*

Raffiniert und cool: Milch und Schokoladensauce im Mixer langsam vermischen. Das Schokoladeneis hinzufügen und das Ganze zu einer dickflüssigen, glatten Masse verrühren.
In ein großes Glas geben. Wer möchte, kann Schokoladenraspel darüberstreuen.
Mit einem Strohhalm servieren.

# Bananen-Kakao-*Cream*

## Zutaten pro Drink:

*4 cl Baileys Irish Cream*
*2 cl Crème de Cacao (weiß)*
*6 cl Bananennektar*
*Kakaopulver zum Garnieren*
*Eiswürfel*

Exotisch und betörend: Baileys, Crème de Cacao und Bananennektar in einen Shaker geben, einige Eiswürfel hinzufügen und kräftig schütteln.
Ohne das zum Mixen verwendete Eis auf reichlich frische Eiswürfel ins Glas gießen, mit etwas Kakaopulver bestreuen und sofort servieren.

# Schoko-Espresso-*Bohnen*

Backofen auf 180°C vorheizen. Espressobohnen auf ein Backblech legen und 8 bis 10 Minuten rösten. Dann abkühlen lassen.
Schokolade im Wasserbad schmelzen lassen, bis sie weich und cremig ist.
Espressobohnen hineingeben, mehrmals Rühren, bis die Bohnen vollständig mit Schokolade überzogen sind.
Nun die Schokobohnen mit einem Schaumlöffel aus der flüssigen Schokolade nehmen, die überschüssige Schokolade abtropfen lassen.
Schokobohnen mit ausreichend Abstand auf ein Backpapier legen, damit sie nicht zusammenkleben.
Wenn die überzogenen Bohnen abgekühlt sind, die Schokolade aber noch geschmeidig ist, die Bohnen zwischen den Handflächen zu kleinen Kugeln rollen. Jede Kugel in Kakao wälzen und beiseite legen, bis der Schokoladenüberzug fest ist.

## Zutaten für 2 Personen:

*200 g Espressobohnen*
*100 g Vollmilchschokolade*
*3 EL Kakao*

# Schokoladen-*Töpfchen*

## Zutaten für 2 Personen:

*120 g Zartbitter-schokolade*
*4 Eigelb, gut geschlagen*
*175 ml Wasser*
*50 g Krokant*
*1/2 Vanilleschote*
*1 Prise Salz*
*Schlagsahne zum Garnieren*

Vanilleschote halbieren und aufschneiden. Eine Hälfte der Schote zusammen mit der Schokolade und dem Wasser in einen Topf geben. Eine Prise Salz hinzufügen und das Ganze bei niedriger Temperatur langsam schmelzen lassen. Beginnt die Schokolade zu glänzen, die Eigelbe hineinschlagen. Umrühren, bis die Creme dickflüssig wird.

Den Topf beiseite stellen, die Vanilleschote entfernen und den Krokant hinzufügen. Weiterrühren, bis die Creme etwas abgekühlt ist.

In zwei Schalen geben und mit etwas Schlagsahne garnieren.

Demnächst erscheint:

Jean-Luc Hennig

# DER HINTERN
# Geschichte eines markanten Körperteils

Sachbuch

Man kann wirklich nicht sagen, daß er zu wenig Beachtung findet ... Er hat erotische Signalwirkung für Frauen und Männer gleichermaßen. Er bekommt schon mal einen zärtlichen Klaps ab ... oder einen kräftigen Tritt. Und er ist eine Inspirationsquelle für Beschimpfungen ... Die Rede ist von einem unserer wichtigsten Körperteile: dem Hintern!

Bildende Künstler haben seit jeher wenig Scheu gezeigt, dieses markante Objekt ins Blickfeld zu rücken. Doch Dichter, Philosophen und Wissenschaftler legen bis heute eine auffällige Schamhaftigkeit an den Tag, wenn von IHM zu sprechen ist. Dabei ist der Hintern ein ausgesprochen lohnenswertes Thema für die Kulturgeschichte.

Dieses Buch liefert den Beweis dafür: Auf amüsante und geistreiche Weise wird der Po unter den verschiedensten Aspekten begutachtet. Dabei wird ein breites Spektrum abgedeckt, das vom Hintern als Sujet der Literatur und Kunst über seine Rolle in der Biologie bis hin zu seiner Bedeutung für die Psychologie reicht.

Abgerundet wird dieses ohne Scham und Prüderie verfaßte Werk von Bildern berühmter Hinterteile ... denn schließlich soll das Erkenntnisinteresse nicht nur durch Wörter befriedigt werden!

**vgs verlagsgesellschaft, Köln**

Christopher Miles & John Julius Norwich

# LIEBE IN DER ANTIKE

Sachbuch

Der Mensch der Gegenwart hält sich für liberal, aufgeklärt und frei von jeglichem Vorurteil. Und so glaubt er, daß erst in den letzten drei Jahrzehnten Liebe und Sexualität nach dunklen Jahrhunderten kirchlicher Prüderie und Bigotterie endlich enttabuisiert worden seien. Doch dies ist, wie so vieles im Selbstverständnis der Moderne, ein Mythos!

Diese opulent bebilderte Kulturgeschichte offenbart eine andere Wahrheit: Gestützt auf jahrelange Recherchen, zeigen die Autoren, daß bereits im Altertum alle uns heute bekannten Formen der Sexualität betrieben, mit philosophischen Theorien untermauert und vor allem ohne Scheu künstlerisch dargestellt wurden.
Spuren der schon zu Urzeiten herrschenden Freizügigkeit finden sich zum Beispiel in der europäischen Höhlenmalerei, der ägyptischen Kosmologie, in hebräischen Geboten und lateinischen Kodizes; und sie lassen sich ebenso in den philosophischen Schriften eines Platon wie auch in Ovids Liebeskunst nachweisen.

vgs verlagsgesellschaft, Köln